中國石窟

巩县石窟寺

河南省文物研究所编

文物出版社

再版编辑　王　戈

责任印制　张道奇

图书在版编目（CIP）数据

巩县石窟寺／河南省文物研究所编 . —2 版 .
—北京：文物出版社，2012.5（2021.4 重印）
（中国石窟）
ISBN 978 - 7 - 5010 - 0171 - 2

Ⅰ.①巩…　Ⅱ.①阿…　Ⅲ.①石窟—介绍—
巩县　Ⅳ.①K879.29

中国版本图书馆 CIP 数据核字（2012）第 067134 号

中国石窟

巩 县 石 窟 寺

编　者　河南省文物研究所
出版发行　文　物　出　版　社
（北京东直门内北小街 2 号楼）
邮政编码　100007
http：//www. wenwu. com
E-mail：web@ wenwu. com
图版印刷　文物出版社印刷厂
经　销　新　华　书　店

开本 965×1270　1/16　印张 20.5
2012 年 5 月第 2 版
2021 年 4 月第 3 次印刷
ISBN 978 - 7 - 5010 - 0171 - 2　定价：380.00 元

巩县石窟寺

著者

安金槐（河南省文物研究所所长）

陈明达（中国古代建筑学家）

莫宗江（清华大学教授）

田边三郎助（国立历史民俗博物馆教授）

贾峨（河南省文物研究所）

张建中（河南省文物研究所）

摄影

文物出版社：彭华士／张仲清

河南省文物研究所：张建中／王兆文

实测图

李京华／刘建洲／高秋菊

陈明达／仇德虎／杨烈／雄西

拓本

冯天成（河南省文物研究所）

译者

宋益民（田边三郎助〈巩县石窟北魏造像与日本飞鸟雕刻〉

装帧

仇德虎

责任编辑

文物出版社：黄逖

平凡社：山本恭一

目　次

图 版 目 录

序

中国的雕塑艺术，历史悠久，源远流长。

在中国古代雕塑艺术发展史上，如果说，秦汉时代是中国传统雕塑艺术发展的重要时期；那么，到了南北朝时期，随着佛教的广为传播，则开始出现以佛教题材为主要内容的宗教艺术的转变时期。这一时期所创造出的具有划时代意义的新形式、新作风，尤其可从北魏一代遗留至今的大量石刻作品中反映出来。也正是经历了这一重要的阶段，才有了继之而起的唐代雕塑艺术的辉煌成就——中国古代雕塑艺术的高峰。因此，南北朝时期北魏一代的雕塑，在中国古代雕塑发展史上具有十分重要的地位。

北魏雕塑艺术遗迹，以塑论，首推敦煌莫高窟、天水麦积山等塑像；以雕论，则以大同云冈、洛阳龙门的雕刻为主，而巩县石窟寺却往往不被人们所注意。探其缘由，可能是上述石窟规模宏大，雕塑遗存十分丰富，如云冈石窟，史称"真容巨壮，世法所希"①，"雕饰奇伟，冠于一世"②，历来被人们赞赏；又加之云冈、龙门均载于史册，创建始末确凿可考之故。然而，巩县石窟寺的规模虽小，但它的结构布局紧凑、严谨，雕刻内容丰富、精美，构图设计富于整体性，在雕刻史上的地位并不亚于云冈和龙门，特别是许多完整的礼佛图、伎乐人像，形象怪诞的浮雕神王、异兽之类，更是他处石窟中罕见。巩县石窟寺的开凿年代，虽不载于史书，但崖壁上刻有唐龙朔年间的《后魏孝文帝故希玄寺之碑》，明言伽蓝为北魏孝文帝所建，窟内浮雕的帝后礼佛图，更证实了石窟与北魏帝室的关系。因此，云冈、龙门和巩县，实为北魏一代帝室集中国家的力量开凿的石窟。它起于云冈昙曜五窟，继以龙门宾阳中洞，而终于巩县石窟寺，年代蝉联，系统分明。只有把这三处石窟的

① 《水经注》卷3漯水。

②⑥⑦⑫ 《魏书》卷114〈释老志〉.

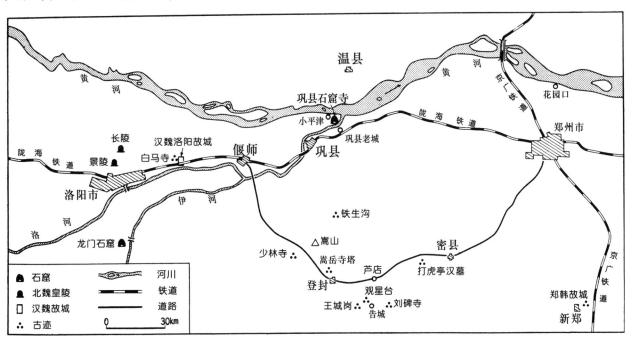

1 河南省中部遗迹图

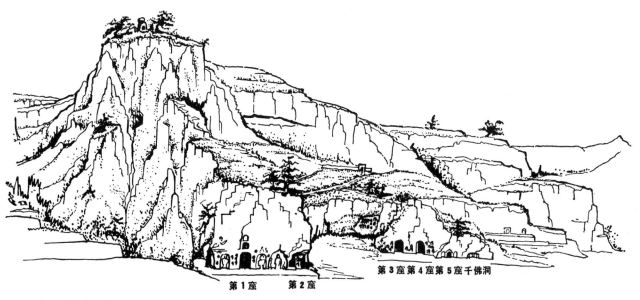

第3窟第4窟第5窟千佛洞

第1窟　　　　第2窟

2 巩县石窟寺全景

雕刻联系起来考察，才能完整地了解北魏一代雕刻的主流，探明它的继承和发展的关系。尤其重要的是，在这三处石窟中，巩县石窟寺既反映着北魏一代雕刻的发展脉络，又孕育出北齐乃至隋代风格的萌芽，它在北魏一代雕刻中所占的位置，是应该受到重视的。

巩县位于河南省的中部，洛水的东岸（插图1）。战国时为东周所据，秦汉置巩县，魏因之，北齐废，隋复置，明清皆属河南府。石窟寺离旧城西北二公里，位于汉魏洛阳故城东约四十公里的寺湾村，南临伊洛河，北依大力山（插图2）。这里的环境幽静，景色宜人，所以明人称石窟寺为"巩之名胜地八景中之优，莘古之钜刹道场中之雄徽者也"③。它的西北五公里处就是黄河南岸的重要渡口小平津，隋唐时的洛口仓位于石窟寺东南约二公里。自东周以来，这里就是中原地区的门户。唐代伟大诗人杜甫的故里，就在石窟寺南笔架山下的瑶湾村。

巩县与洛阳毗邻，必然会受到都城及邻近龙门地区兴寺凿窟之风的影响。洛阳为东汉、曹魏、西晋的京都。公元494年北魏孝文帝自平城迁都洛阳后的四十年中，它再度成为北方政治、经济和文化的中心。当时的洛阳，寺塔林立，如著名的景明寺、永宁寺等，都是"金刹与灵台比高，广殿共阿房等壮。岂直木衣绨绣。土被朱紫而已哉"④。洛阳寺院之兴盛，由此可见。凿窟之风也是如此，如宣武帝效仿代京灵岩寺石窟（即云冈石窟），为高祖（孝文帝）、文昭皇太后（宣武帝生母）于洛阳南伊阙山营建的石窟，便是其中一例。这种豪华奢靡之风，也自然会影响到邻近的巩县。孝文帝迁都洛阳的一个重要原因就是要解决塞北地区严重的粮荒问题，"今移都伊洛，欲通运四方"⑤。洛阳水陆交通发达，迁都洛阳不仅有政治、经济上的意义，而且具有军事上的意义。巩县南据嵩高北麓，北控邙山，是捍卫京都洛阳的要冲，也为通往关中必经之地，地理形势十分重要。因此，北魏自迁都洛阳以后，即在巩县西北隅的小平津驻有重兵镇守，北魏皇帝如孝文帝、宣武帝也临幸此地，可见其位置的重要。洛阳与巩县在政治上密切相关，在宗教上也理应如此。石窟寺与小平津的位置，同在县城的西北，北魏帝室在这里营建石窟，虔诚礼佛，当然是十分自然的事。

北魏一代帝王大都佞佛谄道，尤以笃信佛教为甚。特别是到了孝文帝太和年间，经过推行均田制、迁都洛阳、汉化等改革措施以后，北方

③⑪　《重修大力山石窟十方净土禅寺记》，石刻录194。

④　《洛阳伽蓝记》序。

⑤　《魏书》卷79〈成淹传〉。

社会进入了暂时安定的时期，承受十六国破坏局面的社会经济有了继续发展的可能，因此，孝文帝时"寺夺民居，三分且一"⑥，佛教达到全盛时期。正是有了这样的经济发展的基础，孝文帝以后的帝室才能集中全国的力量，大规模地兴寺凿窟，促进佛教寺院的进一步发展。到了魏末，寺院竟达三万有余，"猥滥之极，自中国之有佛法，未之有也"⑦。毫无疑问，巩县石窟寺正是这种猥滥之风的产物。但是，石窟寺究竟凿于何时，史无记载。唐龙朔年间的《后魏孝文帝故希玄寺之碑》只是谈到伽蓝的创建，未述石窟寺的开凿。此碑说："昔魏孝文帝发迹金山，途遥玉塞，弯柘弧而望月，控骥马以追风，电转伊渥，云飞巩洛，爰止斯地，创建伽蓝。"⑧可证最早至孝文帝时，石窟寺尚未兴凿。我们在新发现的唐《重建净土寺碑》这块断碑残文中，似乎隐约地述及石窟寺的兴建："至于后魏宣武帝以巩邑为水陆要冲，舟……刘澄于洛水之北，限山之阳，土木之制非固……"⑨。很可能宣武帝在开凿龙门石窟时，考虑到工程浩大，"费工难就"⑩，不得不另选一地继续开凿。巩县邻近京都，是一个理想的"水陆要冲"之地，其旁的小平津又是军事重镇，同时考虑到希玄寺的土木建筑不很牢固，因此选择巩县继续开凿，这对北魏的政权在政治、经济、军事和宗教上都有好处。巩县石窟寺为宣武帝所开凿，在另一块碑文中谈得更为明确，据明《重修大力山石窟十方净土禅寺记》记载："拒巩西北，大河正南，邙麓之将有寺。其皇石水伊洛，清而流长；背山大力，秀而朝阳。自后魏宣帝景明之间，凿石为窟，刻佛千万像，世无能烛其数者焉。"⑪据此，石窟寺断定为宣武帝景明年间所造。北魏宣武帝是一个"笃好佛理"的皇帝，"每年常于禁中，亲讲经论，广集名僧，标明义旨"⑫，"雅爱经史，尤长释氏之义，每至讲论，连夜忘疲"⑬。宣武帝从事佛教的雄心很大，他所营造的龙门石窟就是一个例证。因此，巩县石窟始建于景明之际，是可信的。另外，我们从巩县石窟寺的内容题材中，也间接地证明这一点。石窟寺的佛教题材，均以三世佛、千佛、释迦多宝、维摩文殊等为主题，这正是北魏帝室崇信大乘、尤其是信仰法华经的反映。北魏一代皇帝普遍信仰大乘佛教，是受鸠摩罗什传译大乘影响的结果。鸠摩罗什天竺人，自后秦弘治三年（公元401年）来到长安，住草堂寺，有"三千法僧，同止一处⑭。"罗什来长安后，专门从事传经、译经的工作。他善于妙解大乘，所译经卷如《放光般若波罗密经》、《妙法莲华经》、《大方等大集经》、《维摩诘经》等，对北朝中原地区大乘佛教的传播，起了重要的作用。巩县石窟寺的宗教题材，几乎都可从罗什译经中得到解释。宣武帝本人也常亲临式乾殿，"为诸僧、朝臣讲维摩诘经"⑮。巩县石窟寺第一窟东壁出现呵斥小乘、宣扬大乘的维摩诘文殊问答像，可以说是宣武帝崇信大乘的反映。

　　如上所述，巩县石窟寺为宣武帝景明年间所凿，而从巩县石窟寺多处出现帝后礼佛的题材来看，不仅反映了石窟寺与北魏帝室的关系，这种象征帝后礼佛的供养行列，还说明了石窟寺是专供帝室礼佛的场所。石窟寺远比龙门石窟的规模小，与其说是受石质条件的限制，还不如说是为了适应少数帝后的需要而特意凿得小巧玲珑更为恰当。但是，到了孝明帝时，"灵后妇人专制，任用非人，赏罚乖舛"⑯，"魏自孝昌之末，天下淆然，外侮内乱"⑰，北魏政治至此开始大坏，巩县石窟寺已经不再成为帝室礼佛的场所了。武泰元年二月，"群盗烧劫巩县以西，关口以东，公路涧以南"⑱。公元528年，塞上契胡族酋长尔朱荣，趁

⑧　见石刻录72。

⑨　见石刻录79。

⑩　宣武帝凿窟开山，斩山太高，费工难就"，大长秋卿王质上奏要求"下移就平"的记载，见《魏书》卷114〈释老志〉。

⑬⑮　《魏书》卷8〈世宗纪〉。

⑭　《历代三宝记》。

⑯　《北史》卷4〈魏本纪〉。

⑰　《魏书》卷10〈孝庄纪〉。

⑱　《魏书》卷9〈肃宗纪〉。

3

北魏衰乱之机，率兵南下，发起"河阴之变"，曾一度派遣俄奔于尔朱荣的平鉴署"参军，前锋从平巩、密"[19]。这次事变中，洛阳的北魏宗室及鲜卑贵族，几乎被消灭殆尽。至此，北魏王室四分五裂，行将覆灭，巩县石窟寺也随之成为民间善男信女朝拜的佛教圣地。普泰元年（公元531年），民间信士第一次在巩县石窟寺外崖壁上凿龛造像，从而为历代佛教信士所效法。

巩县石窟寺现存五窟、三尊摩崖大像、一个千佛龛及328个历代造像龛。全寺总计造像7743尊，造像题记及其它铭刻186篇。自北魏孝文帝创建伽蓝、宣武帝开窟以来，历经东魏、西魏、北齐、北周、唐、宋、金等各代民间造像，至今已有一千五百多年的历史[20]。时代之悠久、造像之丰富，犹如一部佛教造像编年史。可以说，巩县石窟寺饱经着世事变化，人间沧桑；也记录了历代王朝的升降浮沉，盛衰兴亡。

盛极一时的北魏佛教，毕竟是一种历史现象，随着岁月的流逝，早已成为历史陈迹；而古代工匠根据佛教内容创造的石窟艺术，却成为中国中古时期珍贵的文化遗产和艺术宝库之一，永远焕发出艺术的青春。

1981年10月于郑州

[19] 《北齐书》卷26〈平鉴传〉。

[20] 详见本卷《巩县石窟寺石窟总叙》。

1 巩县石窟寺远眺

2 第1窟 外壁東側 大佛像

5　第1窟　西壁第2龛上部南侧　飞天

6 第1窟 西壁第2龛上部北侧 飞天

9 第1窟 中心柱西龕 坐佛像

13 第3窟 南壁西侧 中层礼佛图 局部

14 第3窟 南壁壁脚西侧 伎乐人像（第3、4躯）

16　第3窟　中心柱南龛上方西侧　飞天

17　第3窟　中心柱南龛上方东侧　飞天

18　第3窟　中心柱西面基座　神王像（第5躯）

24 第5窟 藻井莲花雕饰

25 第5窟 北壁全景

29　第5窟　外壁东侧俯视

30 巩县石窟寺外景

31　第1窟外　西側外景

32 第1窟外 西侧上方 残存飞天及弟子像　　　　　　　　　　　　　　　　　　33 第1窟外 西侧 菩萨像 局部

36　第1窟　东南角全景

39 第1窟 南壁东侧上层 礼佛图 局部

40 第1窟 南壁东侧下层 礼佛图 局部

41 第1窟 南壁西侧上层 礼佛图 局部

43 第1窟 东壁第1龛全景

44 第1窟 东壁第2龛全景

45 第1窟 东壁第3龛全景

46 第1窟 东壁第4龛全景

47　第1窟　东壁第1龛　文殊像

48　第1窟　东壁第1龛　维摩诘像

49　第1窟　东壁第3、4龛间龛楣雕饰

50　第1窟　东壁第3龛　南胁侍菩萨像

51　第1窟　东壁壁脚　伎乐人像（第1-5躯）

52 第1窟 东壁壁脚 伎乐人像（第9躯）

53 第1窟 东壁壁脚 伎乐人像（第10躯）

54 第1窟 东壁壁脚 伎乐人像（第11躯）

55 第1窟 东壁壁脚 伎乐人像（第12躯）

56 第1窟 西壁第3龛龛楣雕饰

57 第1窟 西北角全景

58 第1窟 西壁第1龕全景

59 第1窟 西壁第2龕全景

60 第1窟 西壁第3龕全景

61 第1窟 西壁第4龕全景

　第1窟　西壁第4龕　比丘像

64 第1窟 西壁壁脚 伎乐人像（第1-3躯）

65 第1窟 西壁壁脚 伎乐人像（第5-7躯）

66 第1窟 西壁壁脚 伎乐人像（第9、10躯）

67　第1窟　北壁第1、2龛全景

68　第1窟　北壁第3、4龛全景

69　第1窟 北壁第1龕　西脇侍菩薩像

70 第1窟 北壁第4龛 东胁侍菩萨像

71　第1窟　北壁壁脚　异兽（第1-4躯）

72　第1窟　北壁壁脚　异兽（第6-8躯）

73　第1窟　北壁壁脚　异兽（第9-12躯）

74　第1窟　中心柱南面及东面全景

76 第1窟 中心柱南面主龕 本尊像

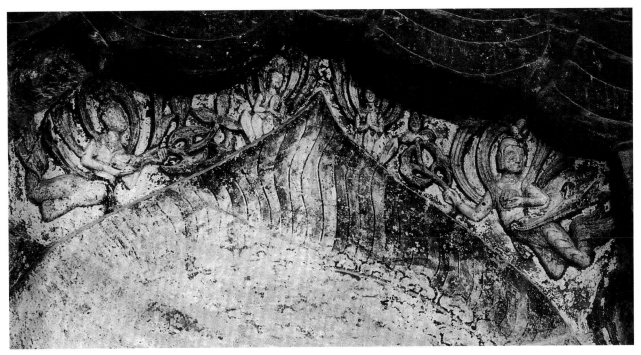

77　第1窟　中心柱南面主龛　本尊背光及左右飞天

78　第1窟　中心柱南面主龛　西胁侍菩萨、弟子像

79　第1窟　中心柱南面主龛　东胁侍菩萨、弟子像

82 第1窟 中心柱东面主龛 南胁侍菩萨像 局部

83　第1窟　中心柱东面基座　神王像（第2-4躯）

84　第1窟　中心柱东面基座　神王像（第5-8躯）

87 第1窟 中心柱西面基座 神王像（第1-5躯）

88 第1窟 中心柱西面基座 神王像（第4-7躯）

90 第1窟 中心柱北面基座 神王像（第3、4躯）

91 第1窟 中心柱北面基座 神王像（第5躯）

92 第1窟 中心柱北面基座 神王像（第6-8躯）

93　第1窟　平棋（东北角）

97 第2窟 东壁 东魏小龛

99 第2窟 中心柱南面上层小龛

100 第2窟 中心柱南面中层小龛

101 第2窟 中心柱南面下层佛龛

104 第3窟 南壁壁脚东侧 伎乐人像（第1、2躯）

105 第3窟 东北角全景

106 第3窟 东壁佛龛全景

107 第3窟 东壁壁脚 伎乐人像（第1-3躯）

108 第3窟 东壁壁脚 伎乐人像（第4-6躯）

109 第3窟 西壁佛龕龕楣雕飾

110 第3窟 西壁佛龛 北胁侍菩萨、弟子像

111 第3窟 西壁壁脚 伎乐人像（第1-3躯）

112　第3窟　西壁壁脚　伎乐人像（第4、5躯）

113　第3窟　西壁壁脚　伎乐人像（第6、7躯）

114　第3窟 北壁佛龕全景

115　第3窟 北壁壁脚 异兽（第6、7躯）

116　第3窟　北壁壁脚　异兽（第1-3躯）

119　第3窟　中心柱南面基座　神王像（第2躯）

120　第3窟　中心柱南面基座　神王像（第3躯）

121　第3窟　中心柱南面基座　神王像（第4躯）

122　第3窟　中心柱南面基座　神王像（第6躯）

124 第3窟 中心柱东面主龛南侧 弟子像   **125** 第3窟 中心柱东面主龛北侧 弟子像

126　第3窟　中心柱东面基座　神王像（第1-3躯）

127　第3窟　中心柱东面基座　神王像（第4-6躯）

128 第3窟 中心柱西面主龕 本尊像

129 第3窟 中心柱西面基座 神王像（第1、2躯）

130 第3窟 中心柱西面基座 神王像（第3、4躯）

131 第3窟 中心柱西面基座 神王像（第5、6躯）

132 第3窟 中心柱北面主龕 本尊像

133 第3窟 中心柱北面主龛东侧 胁侍菩萨、弟子像

134 第3窟 中心柱北面主龛西侧 胁侍菩萨、弟子像

135 第3窟 中心柱北面基座 神王像（第2、3躯）

136 第3窟 中心柱北面基座 神王像（第4、5躯）

137 第3窟 中心柱北面基座 神王像（第6躯）

139 第3、4窟间外景

140 第4窟外 西侧上部 残存力士像及部分小龛

144　第4窟　南壁东侧　第3层礼佛图　局部

145　第4窟　南壁东侧　第2层礼佛图　局部

146　第4窟　南壁东侧　第3层礼佛图　局部

147 第4窟 南壁东侧 第4层礼佛图及壁脚异兽（第1、2躯）

148 第4窟 南壁西侧 上层礼佛图 局部

150 第4窟 南壁西侧 下层礼佛图 局部

149 第4窟 南壁西侧 上层礼佛图 局部

151 第4窟 南壁西侧壁脚 异兽（第3、4躯）

152 第4窟 东壁佛龛及千佛小龛

153 第4窟 东壁壁脚 神王像（第1-6躯）

154　第4窟　东壁壁脚　神王像（第4躯）

155　第4窟　东壁壁脚　神王像（第5-9躯）

156　第4窟　西壁佛龕全景

157 第4窟 西壁壁脚 伎乐人像（第1-4躯）

158 第4窟 西壁壁脚 伎乐人像（第5-8躯）

159　第4窟　北壁全景

160 第4窟 北壁壁脚 伎乐人像（第1-6躯）

161 第4窟 北壁壁脚 伎乐人像（第5-10躯）

162 第4窟 中心柱南面及部分东壁

163 第4窟 中心柱南面 上层佛龛全景

164　第4窟　中心柱南面下层佛龛　本尊像

165 第4窟 中心柱南面下层佛龛西侧 胁侍菩萨像　　　　　　166 第4窟 中心柱南面下层佛龛东侧 供养天

167　第4窟　中心柱东面下层佛龛全景

168　第4窟 中心柱西面下层佛龛 释迦、多宝像

169 第4窟 中心柱北面下层佛龛全景

170 第4窟 中心柱北面下层佛龛西侧 胁侍菩萨像

171　第4窟　中心柱西南面基座　神王像

第4窟 中心柱东北面基座 神王像

第4窟 中心柱南面基座 神王像（第1-3躯）

174 第4窟 中心柱东面基座 神王像（第2-4躯）

175 第4窟 中心柱西面基座 神王像（第1-4躯）

176 第4窟 中心柱北面基座 神王像（第1-4躯）

178 第4窟 平棋（西北角）

179 第4窟 地面残存雕饰（西北角）

181 第5窟外 西侧 残存金刚力士像及部分小龛

184　第5窟　南壁东侧　立佛像

185　第5窟　南壁西侧　立佛像

186　第5窟　东壁全景

187　第5窟　西壁佛龛

188　第5窟　西壁佛龛南侧　胁侍菩萨及弟子像

189　第5窟　西壁佛龛龛楣南侧　飞天

190 第5窟 西壁佛龛龛楣北侧 飞天

191 第5窟 西壁佛龛南侧 化生

192　第5窟　西壁佛龕北側　供养天

193 第5窟 西壁壁脚南侧 托山力士像

194 第5窟 西壁佛龛下南侧 供养比丘像 195 第5窟 西壁佛龛下北侧 供养比丘像

196　第5窟 北壁佛龛西侧 胁侍菩萨及弟子像

197　第5窟 北壁佛座西侧 力士及猛狮雕饰

198　第5窟 北壁佛龛东侧 胁侍菩萨及弟子像

199　第5窟 北壁佛座东侧 力士及猛狮雕饰

200 第5窟 北壁佛龛上方西侧 唐代小龛

201 第5窟 北壁佛龛上方 唐代小龛

202 第5窟 北壁佛龛上方东侧 唐代小龛

203 第5窟 北壁佛龛上方东侧 唐代小龛

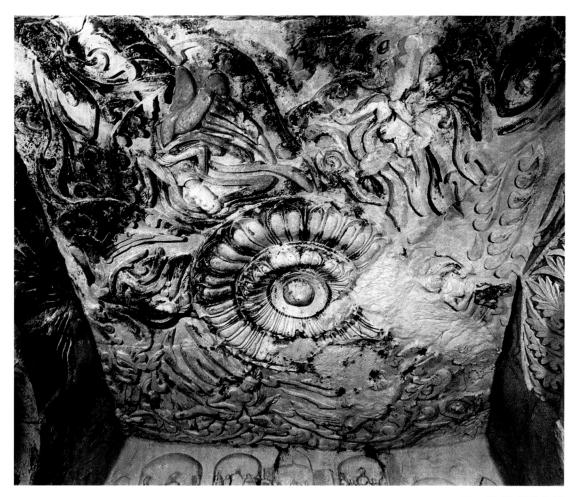

204　第5窟　藻井全景

205　第5窟　地面花雕

206 第5窟 藻井南部西侧 飞天

207 第5窟 藻井西部 飞天

208 第5窟 藻井南部东侧 飞天

209 第5窟 藻井西北部 飞天

212　第1窟 窟门西侧 第42-55龛

213 第1窟 窟门西侧 第49龛 唐咸通八年（公元867年）

214 第1窟 窟门西侧 第50龛 唐久视元年（公元700年）

215 第1窟 窟门西侧 第52龛 唐延载元年（公元694年）

216 第1窟 窟门外西侧 第38龛北齐天保八年（公元557年）

217　第1窟外 大佛东侧 第97龛（北齐天保七年）及第98龛（西魏大统四年）

　第2窟与第3窟间崖壁第244—283龛

221 第3窟 窟门东侧 第291龛 唐乾封2年（公元667年）

222 第3窟外 东侧 第99龛

224 第4窟 西侧门框西面 第317-319龛   225 第4窟 西侧门框南面 第312-316龛及东面320-322龛

227 第4窟外 上方 第101龛 唐龙朔三年（公元663年） 228 第4窟外 上方 第102龛 唐龙朔三年（公元663年）

229 第4窟外 上方 第102-106龛

230　第4窟外 东侧 第117-120龛

231　第4窟外 东侧 第117龛 唐龙朔二年（公元662年）

232　第4窟外 东侧 第124龛 唐龙朔三年（公元663年）

235　第4窟外 东侧 第130龛 东魏天平四年（公元537年）

236 第4窟外 東側 第133-140、147-154龕

237 第4窟外 東側 第133-138龕

238 第4窟外 東側 第147-161龕

239　第4窟外 东侧 第153龛

240 第4窟外 东侧 第154龛 北齐天保二年（公元551年）

241 第5窟外 西侧 第164-166、170-173龛

242 第5窟外 西侧 第165-167及第171龛

246　第5窟外　东侧上方　第195龛

247　第5窟外　东侧　第196龛　东魏天平三年

248　第5窟外　东侧　第197龛　东魏天平三年

249　第5窟外　东侧　第202-219、220、239龛

251 第5窟外 东侧 千佛龛全景

252 第5窟外 北壁中部 优填王像

253 千佛龕 西壁 護法神王像　　　　　　　　　　254 千佛龕 東壁 金毗羅神王像

巩县石窟寺的雕凿年代及特点

陈 明 达

巩县石窟寺在巩县（孝义镇）东北九公里洛水北岸，由此往西距离现在洛阳旧城五十二公里。共保存着五个石窟、三尊摩崖大像、一个千佛龛及三百二十八个小龛。其中四个窟及摩崖大像是北魏雕刻，虽然占窟内主要位置的佛、菩萨像多被盗凿残损，但是窟内的礼佛图，平棊、藻井上雕刻的飞天、图案花纹，壁脚、中心柱座上雕刻的伎乐、神王、异兽等，都还保存得较完整。其中很多精美的雕刻、罕见的题材，有较高的艺术价值和史料价值，是研究北魏雕刻艺术史的重要实物，也是研究北魏服饰、乐器、神话故事的重要资料。千佛龛及小龛绝大部分是北魏以后所作，而以唐代雕刻为最多，在构图布局上有一些小巧玲珑的作品，也都是研究唐代雕刻艺术的重要参考资料。

这些窟龛分为东、中、西三区。西区两窟与东区三窟之间，是一段长约27米的山坡，1977年清除破脚积土，发现北齐小龛40个，今称为中区。按《巩县志》"石窟寺石刻丛存"① 所录造像记中，有后坑崖十九则，其中十七则有北齐年号，多在此区小龛旁。所以，此区即县志所称的后坑。这对于我们研究外崖原状和北齐、唐代小龛，提供了一个新的依据。又据《县志》著录中所谓西一窟、西二窟、东一窟、东二窟，核对现存题记，可以确定就是现在编号的1、2、4、5等窟。第3窟外崖因无小龛，故未见著录，这似乎也可以证明大窟并无崩塌。

现存窟龛中，千佛龛及其他小龛，既是北魏以后在原有雕刻上或外崖所增刻，所以石窟的主要部分应是北魏开凿的五个窟和三个摩崖大像（其中第2窟是个未经雕刻即废弃的窟）。北魏于太和十八年（494）迁都洛阳，继云冈之后在龙门开凿石窟，是见于历史记载为人所熟知的。当时洛阳城约在今洛阳旧城东8公里，所以龙门距离它是20公里，而巩县石窟寺距离它是44公里，可见两处石窟和北魏洛阳城的关系都是密切的。营建石窟寺不见于史书，而按之窟内帝后礼佛图浮雕，足证它与北魏帝王有直接的关系。因此，为什么在城南龙门大规模开凿石窟之时，又在城东另一地点开凿石窟，是什么时候开凿的，都成为引人注意的问题了。

关于建寺的最早记载，要算是第4窟外第119号龛下所刻的《后魏孝文帝故希玄寺碑》了（图233，石刻录72）。此碑刻于唐龙朔年间（661-663），前距魏孝文帝（471-499）不及二百年。碑文中，所谓"……昔魏孝文帝发迹金山，途遥玉塞，弯柘弧而望月，控骥马以追风，电转伊渥，云飞巩洛，爰止斯地，创建伽蓝……"，虽然只说创建伽蓝未说造窟，但是应当是有所依据的。至少在孝文帝时，此处已建筑了希玄寺是可信的。造窟的记载最早见于明弘治重修石窟寺碑记："……自后魏宣帝景明之间（500-503）凿石为窟，刻佛千万像，世无能烛其数者……"（石刻录195），可惜碑文中没有说明这个说法的来由。

至于寺名的改易，根据贞元十八年（802）《唐故禅大德演公塔铭》中说："……欻思振锡，步及于巩县净土寺……"（石刻录163），中和二年（882）《唐净土寺毗沙门天王碑》题额（石刻录172），长兴三年

① 《巩县志》（经川图书馆，民国二十六年刊）.

（932）尊胜幢铭文（石刻录180）："惟大唐国洛京河南府巩县净土寺……"，均可证明在唐代即已改名为净土寺。嗣后宋代有绍圣三年（1096）《巩县大力山十方净土寺住持宝月大师碑铭》（石刻录185），明代有弘治七年（1494）《重修大力山石窟十方净土禅寺记》（石刻录194），是历宋至明均未改易。现在通称为石窟寺，或即是大力山石窟十方净土禅寺的简称。

一

石窟寺北魏雕像，大都是面貌方圆，表情宁静（图2、48）。佛、菩萨像与供养人像具有相同的风格，仅在飞天中间有长面高鼻，或眼框深陷眼球凸起，或颧骨较高的脸型。常见于太和前后的迎风倾立、衣角翻飞、飘然欲动的形态，以及曾一度盛行于太和晚期的所谓"秀骨清像"的风格，在这里都看不到了。力求对称布局、平行线的衣纹，在这里表现得不是那么认真。并且多是力求简化的衣纹，以至有些雕像简化到只是轮廓和一、二条主要线条，而没有细部雕饰的程度（图47、146、170）。但是，它们还保持着古典的高度概括手法，仍着重线条和图案化的趣味，并且仍然是以平雕的技法来表达的。因此它们既保持着浓重的北魏风趣，又孕育着北齐、隋代雕刻艺术的萌芽。这些雕刻，是由北魏风格发展到唐代风格的过渡阶段的主要作品。这种风格的雕刻虽然也见于龙门14窟、魏字洞、石窟寺洞及慈香洞等窟中，但是没有这样显著。而由于龙门14窟、魏字洞内均有孝昌前后铭记，如慈香洞作于神龟三年，石窟寺洞作于孝昌三年，则可藉以证明巩县石窟寺诸窟的开凿年代，大概也是在神龟至孝昌年间（518-528）。

但是，除第2窟外，四个石窟在相互比较下，还是有一些年代先后的差别。第1、3、4等窟的雕刻风格，大体是一致，但在雕刻的精粗上，却有显著的区别。其中第1窟雕刻最精细，第4窟次之，第3窟又次之。尤以第3窟的伎乐人像、礼佛图浮雕，为三个窟中最粗糙的雕刻。还可以看到，这种差别恰巧又是和各窟的规模相适应的。第1窟规模最大。第3窟平面尺度虽略大于第4窟，但第4窟较高，窟内礼佛图分四层排列，中心柱上雕佛龛二层等布局场面，远较第3窟为宏伟。这些现象，显然和雕刻题材内容或技法是没有关系的。所以我们不能不联想到这可能是由于政治经济的变化，影响了雕刻工作的进行。这正是北魏末年，统治阶级内部矛盾尖锐化，经济遭到严重破坏的情况的反映。它们不但进一步证明了石窟开凿的年代，而且还可借此分辨出这三个石窟前后开凿的次序。

第5窟雕刻的情况较以上三窟又复杂一些。它的藻井、莲花、飞天，雕刻精美，构图完善（图24），决不逊于其他各窟。而东西壁佛龛两侧的化佛、飞天，南壁的两立佛（图184、185），雕刻就较粗糙，与藻井的精巧有显著的差别。北壁主龛龛楣、佛、菩萨像及东西壁龛下比丘供养像，雕刻更加草率，尤其主龛佛像的衣纹，好像是尚未完成。除了藻井以外的其他雕刻，可说是四个窟中最草率的作品。因此，第5窟的藻井雕刻年代应与前三窟的略相近，而其他部分雕刻的年代似乎晚于前三窟，并且是在不同年代中，陆续雕刻完成的。

第2窟是一个仅开凿出窟形后即废弃的窟，后来在里面雕刻了一些小龛。其中东壁上有一个年代较早的龛（图96、97），按其位置说显然不是开凿时的原作，根据其他小龛雕刻情况，它应当是北魏以后的作品。而据其雕刻风格又不应晚至北齐，所以很可能是东魏时的作品。此龛内雕一佛二菩萨像，佛座上浮雕双狮。这是石窟寺全部小龛中雕刻最精致优美的龛。双狮的风格和龙门北魏末期雕刻几乎没有分别，一佛二菩萨像的风格，则无论在龙门或石窟寺其他窟龛中都是个孤例，而与麦积山第12窟胁侍像的脸型是很近似的。佛像前下垂至座下的衣襟，处理成横向弧形纹，是这个雕像最引人注意的部分，也是这个雕像的重要之处。它为判定龙门药方洞主像作于北齐，提供了一个有力的旁证，也是唐代最常用的坐像衣纹处理方式的最早的萌芽。

二

石窟寺外崖崖面，因为在北魏以后凿了许多小龛，所以显得有些零乱。但是若区别开那些小龛，就可以辨认出外崖崖面原来是整齐的，有一定计划的。尤其第1窟的外崖布局，是北魏石窟中少见的例证。

第1窟窟门外东西各有一摩崖金刚力士龛（图31、34），金刚像高3.4米左右，略与窟门高低相等，这是和龙门宾阳洞大致相同的布局（实测图7）。在东面金刚之东，有一佛一菩萨立像，立像高达5.3米。由于这组雕像的外缘还保存了一部分尖拱形佛龛的轮廓，可以肯定这本来是一佛二菩萨像的摩崖大龛，而其东侧的菩萨像已经损毁了（图2、30）。在西面金刚之西，也有一尊菩萨像，和东面大龛的菩萨像约略同高，面向西。在它的背侧也隐约可看到与东面大龛同样的龛缘，因此，可以断定此处原来也是一佛二菩萨的摩崖大龛，是与东面相对称排列的。另外，在西面金刚的上方，还残存着14个雕像，分为上下三排（图32）；其上又有一段卷草纹图案边饰，更上还可看出一个模糊不清的飞天；显然它们原来是接连着摩崖大龛和窟门上明窗的，是外崖崖面构图中所不可少的部分。

如上所述第1窟外崖面雕刻，正与龙门宾阳洞内南北两壁的构图相似。宾阳洞内正面是坐佛五尊，南北壁是立佛三尊，而南北三尊与正面本尊之间上方的三角形空间，也正是用成排的雕像填补起来的。这两处石窟采用相似的布局，似不是偶然的巧合。它既可说明窟外摩崖造像与窟本身是不可分割的整体，又说明着两处石窟是采取的同一个题材内容——三世佛。而石窟寺第1窟，是北魏常见的老题材的一种新布局形式。

总之，第1窟外崖原来是一个极宏伟的场面，是在窟门左右各排列金刚和立佛三尊，并以图案边饰、弟子、菩萨、飞天联系起来的整体布局。可惜经过千余年来风化剥蚀及后代开凿小龛的破坏，使原来的规模残缺不全了。这种布局形式，还可以上溯到云冈第19窟。所不同的是，云冈第19窟是在主窟之外另凿两个小窟；此窟则是在主窟外雕两个大摩崖龛，因而形成为一个全新的形式。这一新形式的创造，我认为很可能是受了崖层的局限。这里崖层既薄，地势又窄狭。既不能开凿大窟，如宾阳洞那样容纳全部题材；又不能另凿小窟，如云冈第19窟那样将全部题材分别布置于三窟内，于是就创造出了这个新的形式。它在现存北魏石窟中，是时代较早的摩崖大佛，而后来盛行于唐代的摩崖大佛，很可能就是渊源于此的。

第2窟在第1窟东面摩崖大龛之东，两窟并列。就其形势看，很可能原来计划是要开凿双窟的，嗣后由于改变了双窟的计划，在粗具窟形时便停工了。

第5窟外壁保存较完整，门外两侧各雕一金刚，还清晰可见（图181、182，实测图34）。门上雕尖拱形门楣，楣面上作忍冬纹图案，亦尚可辨认。显然这是龙门宾阳洞外形的简化和缩小。

第3窟、第4窟是并列的两窟（实测图19），3窟在西，4窟在东，它们的大小相差很少。第3窟外崖及第4窟外崖西部，损坏相当严重，很难找出原来雕刻的迹象。第4窟窟门东侧，保存一个高约3米的金刚像（图141）。紧贴此像东面的崖壁向南凸出，因此可以肯定金刚像之东，不可能再布置其他雕刻。看来这两窟的外观很可能和第五窟是一样的，即在窟门上有一个尖拱形的门楣，门两侧各立一尊金刚。第3窟、第4窟间崖面的宽度，也正好够排列两个金刚的位置（图139）。由于两窟并列，相邻很近，很可能它们也是双窟。

如上所述，就外观形式论，可以说第1窟是龙门宾阳洞的继续发展，第3、4、5窟则是就宾阳洞形式简化的结果。而后者也正是龙门北魏末期，诸小窟龛所普遍采用的形式。由此我们可以看到一个普遍的现象，即石窟窟门外的雕像布置，在北魏末期已经逐步形成了一种固定的形式，并且深刻地影响着此后石窟的外观。如天龙山、响堂山、北齐及隋代诸石窟，显然都是这一形式的继续发展。甚至晚到唐代开元、天宝年间所作的一些方形石塔，塔门的外观布局，也与这一形式有很密切的关系。

三

各窟内部平面均近于正方形，第1、3、4窟是有中心柱的窟，第2窟虽未完成，也可看出已经雕凿出中心柱的粗型，可见采用中心柱是巩县石窟寺的特点之一。尤其因为龙门石窟全部都没有中心柱，这一形式就更使人感到突出。关于我国石窟的形式，曾有一种论断：认为窟型是由穹庐形发展到方形。虽然这一论断对巩县石窟寺的时代也能吻合，但是仍然令人感到从龙门到石窟寺的转变，来得很突然，显然这是另有其他原因的。

就石窟的平面说，也曾有人从形式上分为佛殿、塔庙及僧房三种类型。这本来是印度佛教石窟中，由三种不同性质用途所产生的形式，和我国石窟的实际功能并不能完全相符。如僧房本是和尚禅定、修行之所，仅敦煌莫高窟中有285窟及267-271窟，在形式上有点像僧房，实际上是不是为禅定、修行而作，还是尚待证实的问题。塔庙是在窟内作支提以为供养礼拜的主要对象，如云冈的第1、2、21和东谷中某小窟等四个窟中的塔柱，可以称之为支提，但是也很难说它和印度的支提窟具有同一意义。从形式看，如云冈6、11窟，敦煌等有中心柱的魏窟，以及石窟寺诸窟的中心柱，都是方形柱。既非支提的形象，实际上也只是利用方柱的各面开凿佛龛，与印度的支提大不相同。所以就主要功能说，我国所有的石窟，都是佛殿的性质，在各处石窟中不论有无中心柱，以及有较深的龛室如敦煌285窟的形式，都是能够适应这种功能要求的。巩县石窟寺诸窟的功能，也正是为供养佛像所作的佛殿。它较普遍地采用方形中心柱窟型，既不是由穹庐形发展到方形的必然结果，也不是当时的造窟主指定必须开凿支提窟的形式。所以尽管石窟寺第一窟与龙门宾阳洞具有同样的题材内容，而前者是方形有中心柱的，后者是穹庐形无中心柱的窟型，就足以证明窟形与题材内容，并无绝对的联系。

如上所述，又可见窟形的选择决定，并不完全受题材内容的局限，而是同时也受其他条件的制约。在巩县石窟寺则可以看出石窟寺所在的崖层，实在是决定窟型的客观因素之一。这里的崖层断裂纹甚多，如开凿较大的石窟，其顶部是极易崩塌的，所以不得不在窟中心留下一根中心柱。第5窟因为面积较小，只有约3.22米见方，才采取了不用中心柱的窟型，即使如此，现在仍可看到这个窟的顶部纵横裂纹甚多，并且已经崩塌了一大块，这些情况，一方面可以看出当时开窟的匠师，对于崖层性能有较深的理解；另一方面则应当看到当时开窟，实在是尽可能不采用中心柱窟型的。因为没有中心柱的窟，在布局处理上要更好些。

当然，这里所说，并不排斥石窟内容是决定窟型的另一个主要因素。云冈昙曜五窟采用穹庐形的窟型，以及略晚于它开凿的第7、8窟，采用方形窟型，都是由雕刻的内容决定的。但是另一方面，客观条件也同时影响着窟的选择，所以云冈的方形窟或采用中心柱，或采用前后室；龙门不论方形或穹庐形窟，既不用中心柱也不分前后室；敦煌较大的魏窟绝大部分是方形有中心柱的，并且普遍使用不见于他处的人字披，实在又是受了当时客观条件的局限。

四

这里的雕刻题材如：千佛、释迦多宝、维摩文殊等，仍是北魏石窟中常见的题材。但是礼佛图、神王、异兽等浮雕，却是其他石窟中所不多见的。在四个石窟中，除第5窟外均有礼佛图，而以第1窟保存较为完整，其中可以看到戴通天冠、执羽葆的帝后像（图4、38）。由于三个窟中礼佛图的位置、形象完全相似（图13、103），可以断定它们都是帝后礼佛图。

这种供养行列在云冈7、8、9、10诸窟中，尚存遗迹。据碑记，其中有"拓国王骑从"[②]，可见帝后供养像在早期石窟中便已有之，其位置则在窟两侧壁脚，可惜均因风化过甚，现已无从得知其详细内容。在这以后的龙门宾阳洞，则把帝后礼佛像放在窟内南壁门两侧，使它的地位大为突出，不似云冈局促于壁脚。

巩县石窟寺礼佛图的位置、布局，显然是取法于龙门宾阳洞的。并且进一步加以扩展，大大增加了帝后随从的行列，因而不得不把它们分成三或四层排列。希玄寺碑已明确指出伽蓝是北魏孝文帝所创建，这一题材又明确的指出石窟的造窟主应当是帝王，也是符合于北魏帝室的传统风习，是无可怀疑的。这就使我们有可能探索这些窟是为何代帝后所作，以进一步肯定它们开凿的年代了。

云冈最早的昙曜五窟，是为太祖以下五帝所作，龙门宾阳三洞是奉世宗之命为高祖、文昭皇太后及世宗所造，均载于史籍；此后文献中再无为帝后造窟之记载。曾有人推测龙门火烧洞、莲花洞等窟，或系帝后所造，而此等石窟，雕刻零乱，缺乏如宾阳洞那种全面的构图形式。据其造像记又可推知系当时的信士仅于窟内各造一像一龛拼凑而成，显然不可能是世宗以后诸帝后所造。所以，如果世宗以后诸帝仍造有石窟，那就只能在龙门以外的地区去寻找了。巩县石窟寺距洛阳不远，而各窟帝后礼佛图的存在，以及窟内外雕刻构图的完整，与云冈及龙门宾阳洞相比较，大致可以说明，石窟寺诸窟为世宗以后诸帝后所造。

在壁脚雕刻神王，始见于龙门宾阳洞，而在石窟寺各窟中类似的题材在壁脚或中心柱座上，其数量及内容远比龙门为丰富。按其形象可以将其区分为伎乐供养人、地神、神王及异兽四类。

在佛座下从地涌出的地神，是常见于佛降魔成道的场面中的，随后它逐渐变成了承托着佛座的力神的形象，在这里又往往是和其他伎乐、神王排列在一起，以致很易混淆。伎乐天（或音乐天）也是最早习见的

② 宿白《大金西京武州山重修大石窟寺碑校注》（载《北京大学学报》，1956年第1期）。

题材之一，但在云冈伎乐天的位置都是在窟壁上端与窟顶相近之处，而在这里则排列在壁脚或中心柱座上，而成为一种新的布局形式。

属于神王一类的题材，首先见于龙门，在宾阳洞礼佛图下壁脚上雕了十个神王像。它们的名称则见于东魏武定元年骆子宽等七十人造像石上③，但其来历尚待探索。石窟寺诸窟所雕虽大部分能与上述两处神王相符，但形象上又增加了兔首、牛首、马首等神像及双面人像等，总数也超出了十神王之数，这与敦煌北魏诸窟壁脚所画神王像，十分相似。有可能此等神像中，掺杂有十二宫、二十八宿等神像。如兔首像是尾宿、牛首是心宿、马首是亢宿，双面人像可能是十二宫中的阴阳宫。是否如此，尚待研究。

各窟中的异兽题材，在敦煌285窟及北魏某些墓志上都曾见过。其名称则见于正光三年冯邕妻元氏墓志④，惜命名虽殊而形象几无区别，对于了解题材内容，帮助不大。而石窟寺各窟所雕异兽，形象多样，更超过了元氏墓志。颇疑其形象虽近于元氏墓，但也掺杂了十二宫、二十八宿等神像。以第3窟北壁壁脚所雕为例，自西向东第四躯其像如蝎，可能为蝎宫；第五躯异兽双臂拉弓，可能是弓宫（图12）；第六躯其像如狮，可能是狮子宫（图115）。

关于这类题材的来历，内容，还有待于专家的研究，这里仅仅提出个人的一点推测。但可以肯定的是：这类题材都出现于北魏迁都洛阳以后，是和推定的各窟时代相符合的；它们在窟内的位置、布局、构图，虽然是由龙门宾阳洞发展而来，但这类雕刻和伎乐供养人并列在同一位置上，其含义可能也是佛前供养的性质。

以上是就一些个别的题材而言，如果再就各窟的总体来看，显然每一窟都是有计划布局的，各个雕刻之间存在着一定的联系，这就表明每一窟都具有一个中心内容。石窟寺1、3、4窟均以千佛为主题，第1窟外壁与窟内相结合，又具有三世佛的意义，从而提示出三世佛和千佛应该是有一定的关系的。这种布局近于龙门宾阳洞，而和云冈有较大的差别。常见于云冈的佛传，见于龙门的本生、弥勒及维摩文殊，在这里没有或很少了，因而就更加突出了主题。

由于北魏对《法华经》有较普遍的信仰，窟中又一再出现最能代表《法华经》的释迦多宝像（图46、168），这就为了解雕刻内容提供了线索。《法华经》的主要信仰对象为三世佛，如："……过去诸佛，以无量无数方便，种种因缘，譬喻言辞，而为众生演说诸法。……未来诸佛当出于世，亦以无量无数方便，……演说诸法。……现在十方无量百千万亿佛土中，诸佛世尊……亦以无量无数方便，……而为众生演说诸法……"⑤。又有十方分身佛如："……彼佛分身诸佛，在于十方世界说法，尽还集一处……尔时释迦牟尼佛，见所分身佛悉已来集，各各座于狮子之座，……"⑥等等，都是在经文中累见的词句。据此，第1窟外的两大摩崖龛（图2、34、35）、第5窟南壁的两立佛像（图183），可以理解为过去、未来佛，而1、3、4窟中的千佛则应为贤劫千佛（图7、15、20）。

其次，《法华经》主要宣传一切众生，均能成佛，无论是"诸天龙神，人及非人，香华伎乐，常以供养"，还是"过去诸佛"、"未来诸佛"及"现在十方无量百千万亿佛土中诸佛世尊"等等，都能得到"皆已成佛道"的结果⑦。因此，诸窟中所雕伎乐是供养佛的，神王异兽也可能就是"诸天龙神"、"人与非人"的形象化。帝后礼佛图更是为了

③ 东魏武定元年（543）"骆子宽等七十人造像"所雕十神王名为：狮子、龙、象、鸟、山、河、树、火、风、珠。

④ 正光三年（522）《冯邕妻元氏墓志》四面怪兽名称为：1、攫天、乌获、攫摄、僻电；2、拓远、挑摄、掣电、憧喜、福寿；3、啗嚼、回光、拽远、长舌；4、拓仰、啮石、攫天、发走、挟石（赵万里：《汉魏南北朝墓志集释》，中国科学院考古研究所编，科学出版社，1953年版）。

⑤ 鸠摩罗什译《妙法莲华经》卷1〈方便品〉。

⑥ 鸠摩罗什译《妙法莲华经》卷4〈宝塔品〉。

⑦ 鸠摩罗什译《妙法莲华经》卷1〈叙品〉。

供养诸佛，以期得成佛道。至于平綦、藻井上所雕飞天、花纹，又正是表现经文中的"诸天伎乐，百千万神，于虚空中一时俱作，雨众天华"的形象⑧。因此石窟寺中全部雕刻题材，都可以从《法华经》中得到解释。只有第1窟中多了一个维摩文殊龛（图47、48），但这也是取之于当时统治阶级所信仰的另一主要佛经——《维摩诘经》的。

云冈石窟雕刻多体现现世修行的佛传，龙门石窟出现了体现过去修行的本生以及呵斥小乘宣扬大乘的《维摩诘经》。而巩县石窟寺则多以全窟雕刻，体现《法华经》，可以说是北魏一代宗教信仰的反映。然而，从云冈到石窟寺在宗教信仰上的转变，客观上使雕刻主题由多样复杂到突出一点，这种布局的变化也是很明显的，在研究石窟艺术中是一件值到注目的事情。同时，这三处石窟的开凿时代彼此衔接，从上述说明中也多了一个旁证。

五

如上所述，石窟寺诸窟开凿的年代，从雕刻风格、主题内容、窟型等各方面看，我认为在北魏后期开凿的可能性较大。至于它的确切年代，还可以从北魏的历史环境，作进一步的探讨。

巩县南据嵩山北麓，北隔洛水控邙山尾闾。过此向东便进入华中大平原，北渡洛水、黄河，为当时通晋阳孔道，在形势上是洛阳的咽喉。北魏迁都洛阳后，即在县西北的小平津⑨驻有重兵。所以史载太和二十年孝文帝"车驾阅武于小平津"⑩，景明二年宣武帝也曾"幸小平津"⑪，并以都督坐镇，如史书就有。赵昶于"孝昌中，起家。拜都督，镇小平津"的记载⑫。这小平津与石窟寺的位置，同是在巩县西北，相距应当不远。此处既驻有重兵武将，皇帝也来"巡幸"，则就近觅取适当地点，出资建寺造窟，当然是很自然的事。希玄寺碑文说孝文帝创建伽蓝，又于此多一旁证。又因为这一带由重兵驻守，可能一般百姓不能自由来此礼佛，所以石窟寺成为帝后专用的寺庙，并是按照既定规模计划开凿的。如龙门石窟中由多人出资在窟内各雕一龛一佛的做法，在这里是不可能出现的。

北魏自孝明帝以后，统治阶级的内部矛盾极为尖锐，自相残杀连年不绝。明帝死后尔朱荣自晋阳南下，从"河阴之役"开始，连续几次战争，都波及巩县西北的小平津或西南的柏谷坞一带。如孝昌中"尔朱荣向洛，灵太后征穆，令屯小平……"⑬；武泰元年"群盗烧劫巩县以西，关口以东，公路涧以南，诏武卫将军李神轨为都督，讨平之"⑭；尔朱荣起兵则署平鉴为"参军，前锋从平巩、密"⑮等。北魏末期，又间以起义军，情况更加复杂。如正光末（525），"有贼魁元伯生，率数百骑，西自崤、潼，东至巩、洛，屠陷坞壁，所在为患"⑯。其后，东西魏争河南，又在巩县西形成拉锯的局面。如：大统四年（538）"邙山之战，擦攻拔柏谷坞，因即镇之"⑰，大统九年（543）东魏高仲密举州来附，西魏文帝师师迎之，令开府李远为前军。"至洛阳，遣开府于谨攻栢谷坞，拔之"⑱。在这些战争期间，要在邻近战场的地区继续雕凿石窟，似乎是不可能的事。因此又可推断，开凿石窟至迟可至孝庄帝时，亦即公元530年以前，才是符合历史情况的。现在窟内外，后代增凿小龛及题记的以普泰年一龛为最早，其余均为东魏、北齐、北周及唐代所作，也正是证明了在此以前停止开凿大窟，帝王贵族不再独占此地，一般信士才能至此雕造小龛的。

⑧ 鸠摩罗什译《妙法莲华经》卷2〈譬喻品〉。

⑨ 《巩县志》卷2山川："河水东过孟津入巩县界为小平津"，又引《己酉志》："名胜志云小平城濮县废址，在今巩县西北，有河津曰小平津，即城之隅也。"

⑩ 《魏书》卷7〈高祖纪〉。

⑪ 景明二年春，宣武帝亲政，遵遗诏，太尉咸阳王禧进位太保，并引见群臣告以览政之意。世宗览政，禧意不安。夏，禧遂与李伯尚谋反，"时世宗幸小平津，禧在城西小宅"，事败露，赐死，潜瘗禧于北邙。史见《魏书》卷21〈咸阳王禧传〉。

⑫ 《周书》卷33〈赵昶传〉。

⑬ 《魏书》卷44〈费于传附子费穆传〉。

⑭⑲《魏书》卷9〈肃宗纪〉。

⑮ 《北齐书》卷26〈平鉴传〉。

⑯ 《周书》卷36〈段永传〉。

⑰ 《周书》卷34〈杨擦传〉。

⑱ 《周书》卷2〈文帝纪〉。

按《魏书》卷114〈释老志〉："……景明初世宗诏大长秋卿白整，准代京灵岩寺石窟，于洛南伊阙山为高祖、文昭皇太后营石窟二所。初建之始，窟顶去地三百一十尺，至正始二年中始出斩山二十三丈。至大长秋卿王质，谓斩山太高，费功难就，奏求下移就平，去地一百尺。永平中中尹刘腾奏为世宗复造窟一所，凡为三所。从景明元年至正光四年六月以前，用功八十万二千三百六十六……。"关于龙门石窟的这段记载有三个值得注意之点：一、原计划去地三百一十尺，后来因为费功难就改为去地一百尺；二、原计划为高祖帝后造窟二所，后来又增为世宗造窟一所；三、改变计划是正始二年（505），至正光四年（523），连同下移就平以前斩山，共用了如此之多之功，但并未说已经完成。

由上述第一点及第三点中得知龙门石窟所在的崖层，曾给当时造窟者增加了很大的困难，所费时间远较云冈为久，而完成石窟远较云冈为少，这可能是终于不得不停止在龙门开凿石窟的主因。由第二点及第三点得知所谓造窟三所，即现存的宾阳三洞，是向所公认的了。但还应当注意到三窟仅完成了当中一窟，这可以断定是为高祖孝文帝所造，南北两窟为文昭皇太后及世宗所造者并未完成。至于为世宗以后帝后所造石窟，在龙门就更找不到相当的窟了。虽然也有自此以后不再为帝王造窟的可能，但按北魏一代崇信佛教的情况来看，如《洛阳伽蓝记》所载：洛阳"有寺一千三百七十六所"。其中帝王所立的有：高祖孝文帝立报德寺，宣武帝立景明寺、永明寺、瑶光寺，灵太后胡氏立永宁寺、秦太上君寺等，都是极为崇丽的大寺。造窟又是自云冈以来的传统，很少有中止的可能。所以为世宗以后帝后所造的诸窟，实在应求之于龙门以外。若以石窟与洛阳的距离及其规模内容来衡量，惟有巩县石窟寺才能与之相适应。

《魏书》载帝后"幸"龙门有两次，一次是熙平二年（517）夏四月乙卯，"皇太后幸伊阙石窟寺，即日还宫"。第二次是孝昌二年（526）八月戊寅，"帝幸南石窟寺，即日还宫"[19]。这里所记的太后即灵太后胡氏，本是宣武帝的妃嫔，生孝明帝。宣武帝死时明帝才七岁，封之为皇太妃，随后又改为皇太后，掌握政权前后达八年。熙平二年为其掌握政权的第二年，可能这一年宾阳中洞完工，故"幸"伊阙。如果这个推测不错，则可知宾阳中洞是开始于正始二年，完成于熙平二年，前后经营了十六年。《魏书·释老志》所谓至正光四年，则应当是指熙平以后继续开凿南北两洞的时间。并且很可能正光四年就是宾阳南北两洞，在未完成的情况下停工的一年。也正是〈释老志〉只说至此共费功若干，而不说是否完成的原因。为什么龙门石窟要停工呢？我以为一是费功难就，二是此时已经在巩县石窟寺觅到新的地点，顺利迅速地开凿成了新窟，才终于决定放弃在龙门继续造窟的企图。

胡氏是最迷信佛教的人，她当政的第一年——即熙平元年，就在城内立永宁寺，寺中九层木浮图，去京师百里已遥见之[20]，在《洛阳伽蓝记》所录诸寺中是最大的寺院之一。因此假定她建寺的同时就立意为自己造窟是合于情理的。而在她看了龙门宾阳洞之后，鉴于龙门崖层费功难就，就另选了巩县这处山崖为造窟之所，也是可能的。大概至正光四年就在巩县完成了第1窟，于是同时就决定完全停止龙门石窟的开凿。更有一点应当注意的是孝昌二年"帝幸南石窟寺"，这个"南"石窟寺按其方位，当然仍是指龙门。熙平二年还称之为"伊阙石窟"，此时忽改称南石窟寺，按之古代修史的传统笔法，似乎正暗示出此时巩县石窟

[20] 《洛阳伽蓝记》卷1〈城内〉永宁寺条

寺至少已完成了一窟，以其在洛阳之东可能曾称为东石窟寺，所以改称伊阙为南石窟寺，以资区别。

综上所述，似乎可以把这五个石窟的雕刻和历史事实联系起来，得出这样的结论：第1窟、第2窟是为宣武帝及灵太后胡氏所造的双窟，约开始于熙平二年。以后因胡氏被幽隔永巷，第2窟即停工成为一个未完的窟，第1窟则完成于正光四年（517-523）。第3、4窟是为孝明帝后所造的双窟，开始于熙平二年或稍后，完成于孝昌末年（528）。至于第5窟很可能原是为孝庄帝所造，按之历史孝昌四年（亦即庄帝永安元年）经过一度战事之后，至永安二年（529）曾有一年较平静的时候，继续为孝庄帝在此造窟是很可能的。但由于此时政治经济的衰落，造窟的规模大为缩小，加以永安二年以后战事又复起。在短促的时间内，似乎只完成了窟门和藻井，雕刻便停顿了。此后到孝武帝永熙年间（532-534）又有一、二年较平静的时候，很可能又继续雕刻，但仍未能完成。直到公元534年，高欢率兵南渡，北魏孝武帝投奔关中，依附宇文泰，高欢入洛阳，另立元善见为帝，是为东魏孝静帝，从此，魏分为东、西。东魏迁邺以后，北魏统治阶级已离开了这个地区，于是信士们开始在此雕凿小龛，而寺僧也就于此时勉力完成了此窟最后的雕刻，并雕上比丘僧惠兴、惠嵩的供养像（图194、195）。按《巩县志》著录造像记中，东魏造像八则为：天平二年二则、三年四则、四年一则、六年一则。按东魏改元天平，共只四年，天平六年实为元象二年，看来，当时石窟寺一带已很冷落，以致改元后已两年，尚不为当地人所知。天平以后即未再有小龛，直到北齐天保二年（551）才又有小龛出现。因此，可以推断第五窟最后雕刻，也应不晚于东魏元象二年（539）。

根据以上所述，北魏一代，帝室所营石窟雕刻，自云冈、龙门至巩县石窟寺，年代蝉联，脉络分明，研究北魏雕刻艺术的发展过程，此三处石窟实为最可靠的标准，为研究我国石窟雕刻史提供了最重要的实物资料。

巩县石窟寺雕刻的风格及技巧

莫宗江　陈明达

　　北魏始自和平初年（460），终于永熙末年（534），在魏一代的七十余年间，于云冈、龙门、巩县等地大规模地凿山开窟，促进了我国古代雕刻艺术的蓬勃发展，出现了具有划时代意义的新风格和新作品。这三处石窟年代蝉联，系统分明，作品丰富集中，又因是帝室贵族营建，想必遴选高手名师，可以说这时期创作的大量宗教艺术，堪称是北魏一代雕刻的主流。因此，要想了解北魏时代雕刻艺术的伟大成就以及它在中国雕刻史上的地位，必须对这三处石窟群进行系统综合的研究。

　　巩县石窟寺在北魏三处石窟中，是营建最晚的一个，它不仅保存了云冈、龙门的雕刻遗风，成为北魏后期风格的典型，而且表现出嗣后骤变为北齐、隋代风格的萌芽，因此，它包含着中国雕刻史上极为有趣的问题，值得引起研究者的注意。

　　就雕刻的技巧来说，我国古代雕刻艺术的发展，突出地表现在时代风格的变化中，而风格的形成则在于造型和构图，造型、构图又必须依赖于技巧。本文的重点，就是专论巩县石窟寺的雕刻风格及技巧。在转入正题之前，首先概观一下巩县石窟寺的窟外立面和窟内构图（插图1、3）。

　　各窟外壁由于残损较甚，加上后代陆续开凿小龛，原貌已难辨清。从残存雕刻推测，第1窟壁面中央由窟门、明窗及左右两侧金刚龛组成，形成了以窟门为中心的构图重心，在自然光照下金刚龛光影明亮，而门窗的空间尽在暗影中，二者的对比鲜明，更突出了门窗的深处。可以说，第1窟外观布置得当，主次分明,窟内以南壁（插图1、3）为佳，仅中心柱稍有欠缺,但从整体上看不失为巩县石窟寺中的上品。第4窟外观立面构图简明紧凑，金刚像不凿龛可说是此窟外观构图的要点（插图2）。第3窟的外观与4窟相同，两窟之间恰可容一金刚像，此两窟的外观应是雕饰相同的两个并列的壁面。此窟的中心柱构图为各窟之冠，而第4窟的中心柱和第5窟的外观（插图4、2），构图上的缺陷尤为突出。

　　巩县石窟的构图形式是否受到题材上的制约呢？我们知道，各窟的主题都是来自《法华经》中的三世佛和千佛。现以第1、3、4窟为例，考察一下其构图与题材的关系。各窟中心柱位于全窟中央（插图4）,进窟门首先看到中心柱的南面。柱上四面雕凿出全窟最大的龛像，在全窟中占有

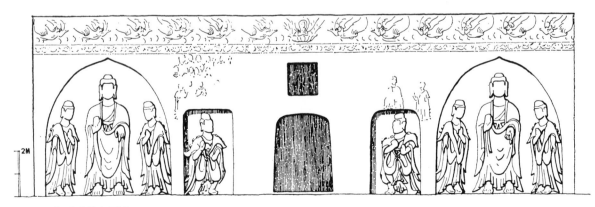

1　第1窟外壁立面图

最突出的位置，龛内雕最重要的题材三世佛。东、西、北三个壁面（插图5）仅占次要位置，因此次要的题材千佛就雕在这三个壁面上。进窟门后反身才能看到南壁，其位置在全窟中是最不显著的，因此供养行列的像均雕在此壁面上（插图3）。

第1窟在巩县石窟中规模最大，高宽各达6米。在这大面积的墙面上，如果也用第3窟的构图，全壁均雕千佛，就不免减弱雕刻的兴趣并单调乏味。因此采用了上段雕千佛，下段并列凿四个大龛的形式（插图5）。龛内重复三佛，是对中心柱上主题的加强。另一方面，假设第3、4窟均凿大龛，由于龛的高度应适于观赏，因此不能低于第1窟大龛的高度。但这些窟的高度没有第1窟大，龛上部所余空间不多，只能雕两三排千佛。这样，不仅全壁各部分比例不当，而且千佛题材的效果也不能充分发挥出来。所以，它只能用满壁雕千佛龛，中心雕一略大的主龛的形式（插图5）。此外，第3、4窟的窟型、大小、壁面构图基本相同，只是第4窟高度略大，因而中心柱的构图非用上下龛的形式不可，即在中心柱每面各增加一个辅助题材。

由此可知，各窟壁面的布置，主要是出于对构图形式的考虑，并非着重于对题材的考虑。所谓题材内容决定形式并非是绝对的。巩县石窟寺每一窟作为一个完整的整体雕刻创作，是由当时的经济力量、技术、石质材料以及窟型、规模、题材、构图、雕刻技巧和时代风格等各种因素所决定的。这些因素又是相互影响，密切联系的，不可能仅由题材决定构图，也不可能仅由题材决定窟型。从雕刻艺术的观点上看，构图是关键，因为它直接影响艺术效果。

综观各窟雕刻之构成，可以看出每一窟在开凿前都曾有过周密的思考和设计，诸如窟型、规模、外观立面、窟内壁面、中心柱、平棊及地面等。各窟外壁及窟内各壁都有明确的构图重心，而迎面对门的中心柱佛龛，又成为全窟的重心。因此，可以说，各窟从窟外到窟内的雕刻浑然形成一个巨大的雕刻创作整体。巩县石窟寺雕刻构图的另一个重要特点即是着重各种雕刻形式的配合，充分利用自然光照所产生的明暗阴影来突出主题。如各窟雕刻的总体构图，是由若干个大小、形状、内容都各不相同的小面积构图组合成大规模的构图。这种总体构图之所以获得良好的艺术效果，除了一般构图习用的比例、对称、权衡等手段外，还特别注意每一小面积或壁面上每一部分所采用的雕刻形式的效果，即利用各种雕刻形式的不同技巧所产生的立体感来加强突出主题的效果，因此它是长、宽、深三个方向的立体构图。它不同于只由长、宽平面构成的绘画，也区别于由三度空间构成的建筑构图。在这里，每壁是一幅细致的

2 第4、5窟外壁立面图

191

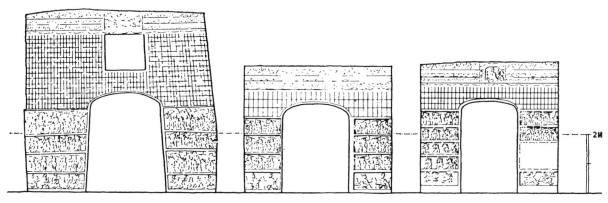

3 第1、3、4窟南壁图

相对独立的立体作品，全窟是一个统一的空间艺术创作。

巩县石窟寺的立体构图，已经进入成熟的阶段，每一窟都经过周密的思考和设计，组合成为具有鲜明风格的总体构图。这种大规模的应用各种雕刻形式作出的立体构图，是中国古代雕刻艺术发展史上重要的、成功的创造之一，应该大书特书。

一　巩县石窟寺雕像的构图特色

龛内诸像　佛教造像多为成组的佛、菩萨等像，并有一定的排列形式，自应属群像的范畴。在石窟中此类造像均在龛内，龛即是造像的背景，故本文简称为龛像，以别于礼佛图一类的群像。

各窟龛像，除第1窟西壁最北一龛损坏过甚内容不明外，有两种构图形式。

第一种是普通的形式，即正中为佛坐像，左右侧近佛处各一尊弟子立像，稍远又各一尊菩萨立像，全组共五尊像，如4窟西壁主龛(插图7—1)。也有不雕弟子像的，则全组为三尊像，如四窟中心柱南面下层龛(插图7—2)。各像以尺度大小表示主次关系，佛像尺度最大，菩萨像次之，弟子像最小。所以它的构图原则是主像在正中，左右各像均衡对称，并以像的大小来突出主题。

这种构图是四平八稳的，并且不受五尊、三尊和龛的大小的制约。如第1窟各壁大龛，都是龛内凿成较低的坛座，三尊像或坐或立于坛上(插图7—3)。其构图较疏朗。而如第5窟东西壁两龛龛形较窄高，故加高龛内坛座以调整龛内雕像的空间，坛上共坐、立五尊像，构图较第1窟

4 第1、3、4窟中心柱南面图

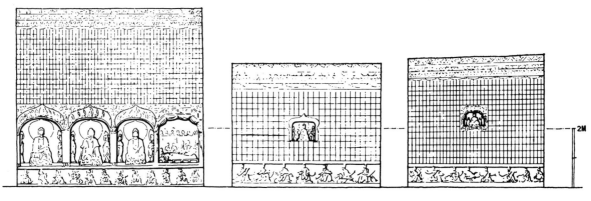

紧凑。又以坛座高，在座前面左右各浮雕一供养比丘（图187、插图6）。同一窟中的北壁，尽壁面长度凿成叠涩座（图25），座前两侧各浮雕狮子、力神等。此龛较上述东西两龛增宽甚多，而叠涩座上亦只雕五尊像，构图极为疏朗。又如中心柱上各龛，因龛形均较高，而凿成较高的叠涩座，座前左右或雕狮子、座上排列三或五尊像（插图7—2、4），至于第4窟南壁门上一小龛极宽而矮（插图7—6），在龛内凿出两条立柱分为三间，是龛内构图唯一的特例，但也不过是将一龛分作三龛处理，其构图原则并无不同。

总之，这种构图原则，不但不受龛形高宽比例的变化及尊像多少的制约，反而使构图可以有各种细微的变化趣味，避免了千篇一律、过于单调的感觉。

第二种构图形式仅有三龛：第1窟东壁北端维摩、文殊龛（图43）及同壁南端（插图7—5）和第4窟中心柱西面下层（图168）的两个释迦多宝龛。此三龛的共同点是每龛均有两个平行的相互竞争的主题，使构图极难处理。我们看到各龛均为两个大小相同的主像侧身相对而坐，两像各据一侧，龛中空无一物，从而分割了全龛的整体性。

其中维摩文殊龛（图47、48）的文殊结伽坐于较高的莲座上，形态端庄，其两侧及头光后有浮雕弟子像；维摩坐于较低的莲座上，形态自由洒脱，背后平雕帷屏。两像对比尚略有轻重之分。第四窟释迦多宝两像距离较近，衣裾自座前垂覆于地面，交错叠压（图168），也略为加强了两像的联系，稍为改善了构图分散的缺点。此两龛显示出创作者极

6 第5窟壁面、龛平面、断面图

193

7-1 龛内诸像 第4窟西壁主龛

7-2 龛内诸像 第4窟中心柱南面下龛

7-3 龛内诸像 第1窟北壁第1龛

7-4 龛内诸像 第3窟中心柱南龛

力想弥缝构图缺点所作努力，但终不能克服两个平行主题的竞争性。

龛身大致是两侧垂直，上缘为略呈弧形的拱券而圆其两角。自两侧向内、自上缘向下，均逐渐凿入壁内，使龛内壁面的平面、断面均呈弧形（插图6）。而壁面上只用浅平雕及线刻雕出各像背光、头光的轮廓。除第1窟东壁第3、4龛（图45、46）在佛、菩萨间的空隙处作平雕莲花装饰外，一般龛内壁面均不作其他装饰。至于第1、4窟中心柱上各龛，于佛背光之外菩萨头光之上浮雕的飞天，由于紧靠龛的边缘，又是龛内阴影最暗的位置，并不影响整片壁面的平整。由此可证使龛内壁面光滑平整是当时雕刻家的意图。

这种龛的形式，在自然光照下龛内壁面呈现出自龛上缘向下、自龛侧向内，阴影由深暗至明亮的均匀转变。龛内各像都是圆雕，凸出壁面甚高，龛身的阴影几乎全部都不致投射到雕像身上，而成为雕像的背景（插图8）。这种背景明暗适度，光影柔和，富于变化。即使小如千佛小龛亦莫不如此。应当说这是一个巧妙的创造。龛内各像均靠龛壁雕造，依龛壁的弧形平面而变换方向，使各像自身的受光面各不相同。于是在平面、正立面上四平八稳的呆板构图，借助于圆雕凹凸的阴影变化，成为一幅活泼多变的立体构图。

龛身之外左右侧及上方均略凸起于壁面的浮雕或平雕装饰，其中龛身上方所雕龛楣券面，是主要的雕饰。石窟寺所见龛楣，约有三种形式：一为尖拱形龛楣，如1窟东西壁各龛（图7、49，插图5）。券面雕忍冬、火焰或七佛，券脚向上翻卷与相邻券脚共成一忍冬叶。两龛间的壁面，下部雕覆莲表示柱础，其上柱面或作饕餮等纹饰。其他如5窟东壁（图186），3窟西壁（图109，插图5），4窟北壁（图159）均略同，仅装饰图案各有变化，如券脚或作龙头或作涡纹等类。二为五边形龛，券面分若干梯形、方形小格，格内或雕卷草等纹饰。沿龛楣之下又雕作垂幛，至龛两侧束起沿柱下垂。如1窟北壁各龛（图67、68），4窟中心柱下层各龛（图163），东西壁主龛（图156），南壁门上小龛（插图7—6），及5窟北壁均属此种形式，并各有纹饰繁简的变化。三为垂幛形龛（插图4），1窟、3窟中心柱上各龛及4窟中心柱上层各龛均属此种形式（图75、118、163）。以三窟为例，券面凿成垂幛形，沿龛两侧下垂至龛脚，其上方两角或加浮雕飞天等。

龛楣等的雕刻，仅是龛身外缘的壁面装饰，如果将龛身比作一幅画面，外缘雕饰恰如画框。其雕饰的繁简和龛身尺度大小是成正比的，所以小如各窟中的千佛小龛，只用极浅的平雕作出券面的轮廓；大则如大龛，以较深的平雕作出各种图案纹饰，使龛外缘成为有规律的起伏均匀的边框，以与龛内光平的壁面形成鲜明的对比，从而突出龛内的雕像。

礼佛图 礼佛图是巩县石窟寺中的优秀作品，即使在北魏以来的石窟雕刻中，也是不多见。

一、三两窟原各有礼佛图六幅，4窟原有八幅，均排列于窟内南壁窟门两侧。现在1窟六幅均存，仅略有残损。3窟存两幅半，4窟存五幅半，其中以第1窟各幅及第4窟西侧两幅雕刻最精湛，第3窟所存两幅半雕刻较次。各图都是用深浮雕，雕成面朝窟门方向前进的群像行列（图版4、38、103、143，插图9、10），由10余至20余人像组成一幅横列，每列有窄面平直的边框。其构图以第1窟为例：

窟门东三列，从上第一列（插图9—1）：以比丘像为前导，比丘后雕一树，继后各像分为三组：第一组共9像，最高大的一像头戴通天冠加冕旒，当为皇帝像，其余八像尺度略小，为侍从执事像。此八像作纵深布置，故后排各像尺度又略小于前排。可知这是依透视规律雕刻的，但有意地提高了透视的灭点，使后排像不致被前排像掩蔽过多。继后两组布置大致相同，仅侍从等减至六像。诸组主像之上均雕有羽葆。

从上第2列：起首略有残损，据上下列推测，亦应由比丘像为前导，继后各像共分五组，每组除主像外各有侍从像3。最下一列布置与上两列同，但每组主像外，仅有侍从像2。依第1列皇帝像推测，其以下各列各组主像，应依次为太子、王公等贵族及重臣。

门西3幅从上第1列（插图9—2）仍以比丘为前导（或应为比丘尼），以下雕像分3组，每组立像戴莲花冠（或菩萨冠）。第一组主像前后共有侍女像6，次二组主像外各有侍女像5。而全列最后另有2侍女像，首尾又各雕一树。从上第2列布置同上1列，但共分四组，每组除主像外侍女像各4。最下1列残损约三分之一，估计亦分四组，布置如上1列，但尾末无树，每组主像外仅各有侍女像2。上述第1列与东面第1列皇帝像相对照，其主像自应为皇后像，后两组及以下两列主像，依次应为公主妃嫔等像。

此种群像构图初看似觉平淡，但细看始知其中颇具匠心。这些人像仍以传统的方法——用尺度大小表示主从，但大小差别不如佛、菩萨像那样悬殊，只是从像略小于主像而已。为了表示远近的透视效果又略有微细的差别，各列中每一组的主像也依次略有尺度大小的差别。全列既表现为向一个方向前进，绝大多数人像都是面向窟门，其中偶有一两个像反身向后，以及各像的姿态、动作各有细致的变化，创造出每幅画面在静穆中寓生动的气氛，静观细赏引人入胜并无呆板之感。羽葆等物偶有突出边框之处，但却增加了全幅的生动气氛（插图10—2），这是细致的处理手法。

人物众多的各幅构图，可由各像的主从、羽葆等物的配合等关系分为若干组，区别出来（插图10—2）。人物少的各列构图，分组明显（插图10—1）。各组人物的配列，虽有细微的差别，但形式基本相同，所以一列中的各组基本是均衡的，并无明显的轻重区分。但各组的配合，并没有令人感到全幅构图有分裂为几个主题的缺陷。这是由于前后上下各组具有互相连续统一的韵律感，犹如一幅展开的长卷画面，而它们又都统一于一个要点——朝一个方向前进的方向性。更有趣的是当我们观赏窟门一侧的雕刻内容时，几乎不自觉地急于去看另一侧的内容。可见这种构图是经过通盘考虑的，它具有较高的艺术吸引力。试将门两侧两列雕刻并列起来看（插图9），相互呼应的关系极为密切，更易体会其构图的巧妙。

各列雕刻中的人像高度，最高约占画面总高的2/3至3/4，人像之上的天空如何处理，在雕刻艺术中可能是一个难题。但在这里却看到了利用仪仗中的羽葆—伞盖、圆形及铲形羽扇等物，圆满地、轻而易举地解决了这个难题。由此还可以理解各列首尾所雕树木，也具有与羽葆相同的作用。

一般说，佛教造像的构图，采取主像居中、左右对称均衡的形式，这是四平八稳的构图，无懈可击，所产生的效果是肃穆庄严。至于以尺度大小分主从，则是一种对比的手法，尤其在佛教造像中，特别夸大了大小的对比，也仅是宗教造像运用这种过分的夸大，才不致令人产生不正常之感。所以礼佛图虽也有尺度的对比，但仍近于正常尺度，没有过

7-5 龛内诸像 第1窟东壁第4龛

7-6 龛内诸像 第4窟南壁窟门上佛龛

8 第4窟外壁小龛

9-1 礼佛图 第1窟东侧第1列

分的夸大。

石窟中的造像,全部分布在壁面上,每一组像各有其主题内容,需要给予一定的构图范围,使与其他造像有明显的区分。另一方面又要在彼此之间有构图的联系,用龛是达到此目的的最简明的方法。特别是利用这种龛形,使龛内壁面产生的阴影成为烘托造像的背景,是经过长期创作实践所总结出的处理方法,在中国古代雕刻艺术史中,是一项重大的创造。

雕刻群像的构图素称难事,如前文所述,这些礼佛图的造诣应属上乘,在古代雕刻艺术史中也是应予珍视的。

二 巩县石窟寺雕像的式样

我国古代艺术的人物造型,重在神似不在形似。以雕刻论,面像神情,含蕴至深,余味隽永,但并不全依赖于肌体刻划,所以不同于西方艺术。石窟等人物多种多样,今以佛、菩萨、礼佛图为重点,试作如下分析:

10-1 礼佛图 第4窟东侧第4列

9-2 礼佛图 第1窟西侧第1列

比例及体态 佛像大多为坐像，面貌方圆，削肩长颈，结跏端坐，衣裾下垂覆于座前，无一例外。尤其头微前倾，双目下视，沉静慈祥，微带笑容中又略有神秘感。垂覆于座前的富于装饰性的衣纹，具有强烈的艺术感染力（插图7、11），最引人注目。坐像权衡适当，一般头高与全高（结跏趺坐）比，约为1：4，仅第1窟中心柱龛内各像头稍大，约为1：3.5（插图11），或为雕刻家作风不同之故。

佛立像极少，第1窟外大立佛（图2、35）下部残损较甚，约计头高与全高之比为1：5.5。第5窟两浮雕立佛（插图12）则约为1：6。各像均正面端立，头面形态亦如坐像。衣裾前露两足，两侧微向外张，如魏碑书法之撇捺，刚劲有力。

佛两侧弟子像比例约1：5.5—1：6之间，其姿态近于立佛，头微前倾，双目下视（插图7—4）。

菩萨全为立像，其比例在1：5.5至1.6之间，加以颈长，肩窄更觉头大身短（插图13），其中尤以第1窟东壁第3龛（插图13—4）、第4窟中心柱东龛（插图13—5）为甚。菩萨体形，一般均直立而腰微转侧，略具动意。头面姿容沉静，微笑略同于佛，但少神秘感。衣裾飘带下垂亦

10-2 礼佛图 第4窟西侧第2列

11-1 坐佛像 第1龛中心柱北面

11-2 坐佛像 第1窟中心柱东面

12 立佛像 第5窟南壁东侧

与立佛相近，褶纹多为平行曲线，直下至脚折叠层次不多，两侧张开。

各窟龛楣、平棊、藻井上浮雕飞天，均同一形态。如第5窟藻井的飞天（图206—209，插图14—2），着桃尖形领圈贴体薄衣，不雕褶文，颇似裸身。飘带自头后绕至两肩前，翻过腋下向后飘扬。衣裙极长，自小腿翻转绕足，如鸟翅飞舞。头身侧转向前，眼平视，自腰腹以下向上折曲几乎达到90°，产生强烈的飞翔感。面像亦多方圆，惟面形瘦长，下颔较尖，在石窟寺中所少见。又第5窟东西壁龛外壁脚，浮雕跪坐于莲花上的飞天（插图14—3），飘带及缠绕足上的衣裾仍向上飞舞，似刚降落地面，构思新颖，亦为石窟寺中罕见。

金刚像仅1、4、5窟数躯，其头、身比例约在1：4.5至1：5之间，头大肩宽体形粗壮，表现勇武有力之体形。肩斜，一腿着力，一腿弯起前趋，表现动的形态。服饰略如菩萨像。

礼佛图中诸像均为世俗装扮，多作侧立姿态，身躯比例较瘦长（插图9、10）。1窟主像约为1：6，3窟为1：6.5，4窟为1：6至1：6.5，其中少数几个主像仍略感头大。此等像无论男女主从，一律挺腹拱背，应为当时贵族生活习惯的常态。其服饰仪仗，也应是写实之作，是研究当时舆服的形象资料。礼佛图用简练概括的表现手法，记录了当时统治阶级生活的一个侧面。这些形象不再是佛、菩萨的固定面貌和服饰衣纹。但在领口袖口，仍着重施加平行曲线以与佛菩萨的衣饰，保持统一的式样。

综合上述各种现象，大致可归纳为：

1. 立像身躯权衡比例，以金刚像最短，次为弟子、菩萨、佛等像，世俗人像较长。似加大头部亦为当时艺术表现的手法之一。头大、颈长、身材短是巩县石窟寺佛教造像中立像的显著特点，虽有程度的不同，但却是这一时期的特征。

2. 静是石窟寺造像的主调。无论坐像、立像均头向前倾，双目下视，口角微笑。除菩萨像身腰微作转侧，金刚像略具动态外，其他各像皆身躯端正。这种体态，产生了重心向下的感觉。加上衣裾下垂座前，或直下至足向外微张，都有"力"的感觉，从而加强了体态的稳定、沉静。礼佛图群像实际仍是静止的状态，它所以能使人产生向前行进的感觉，不是由各个像的动作形态产生的，而是由于全图行列的气氛、方向性所引起的联想，可以说寓动于静、静中见动，是创作者的巧思。只有飞天确是动态，又在大多数静态的雕像对比中，更加强了飞腾的效果。

3. 衣纹韵律。单独一个像的韵律，产生于一定的躯体形态，又借助于衣纹装饰予以加强。如前所述，雕像重心向下，衣裾下垂微开，都赋予"力"的感觉，加强了体态的稳定沉静，使全窟获得韵律感。不仅如此，更为重要的是，表现体态的衣纹雕刻，处处充满了线条的趣味。这些有一定组合形式而又千变万化的衣裾褶纹，完全是利用光影明暗、光线投射角与雕像受光面——逆光或反光，产生的各种深浅粗细的线条表现出来的，从而大大加强了雕像的韵律感。线条的艺术处理手法，是我国古代艺术的优良传统，而运用一定的雕刻技法，造成多变的线条，应是我国雕刻艺术发展史上一项重要的创造。

面貌 佛、菩萨面容基本相同，只有艺术水平高下之分。第3窟中心柱南面本尊（插图15—1），可视为石窟寺的标准头像。上方、下圆、额宽、下颔较长，脸颊下颔圆润，眼位置于头横轴中线上，五官布置较紧密，如童年人面貌权衡。耳长至腮下，略表双耳垂肩之意；鼻梁窄、鼻

13-1 菩萨立像 第1窟　13-2 菩萨立像 第1窟　13-3 菩萨立像 第3窟　13-4 菩萨立像 第1窟　13-5 菩萨立像 第4窟
　　　北壁第1龛　　　　　 中心柱南面　　　　 西壁主龛　　　　　 东壁第3龛　　　　 中心柱东面

翼宽肥，唇薄嘴角下弯略呈笑意。其他如第4窟中心柱南面本尊（插图7
—2），第5窟南壁东立佛（插图15—3），第1窟东壁第1龛的维摩像（插
图15—6）等也莫不如此，是为普遍的面容。现存头像中雕刻最精美的
作品，则当推第1窟中心柱东面弥勒佛（插图15—4），而同一龛中的菩
萨脸型，五官权衡更近于童年面貌（插图15—5）。

　　除上述标准头像外，也有如第1窟北壁第1龛本尊（插图7、3），第
4窟中心柱西面多宝佛（插图15—2），脸型微长而额短，五官位置较疏
朗，权衡近于成年人。第5窟藻井及第3窟中心柱南面龛楣上飞天，脸型
特长（插图14—1、2），眉眼间距离大，鼻长、下颌尖长，似应出于雕
作者个人的审美观和表现趣向。但是如第1窟东壁第3龛（插图13—4）
及第4窟中心柱东面下层龛（插图13—5），龛内菩萨，脸型过方，嘴
小，额短而尖，颇乏美感，或系雕刻者的艺术水平较低。

　　礼佛图中群像面貌则各异其趣，如第1窟东侧上一列（插图9—1）。
三个主像面貌各不相同；第一个主像脸型较方，颧骨较高；第二个主像
脸型圆润，鼻尖嘴小（插图15—7），第三个主像面容肥胖等，均与佛
像迥然不同。而主像、从像与前导的比丘像，也各不相同。所以佛、菩
萨等的面貌是程式化的定形像，而礼佛图中各像则吸取现实生活中的形
象居多，更富于写实成份。

　　清晰明确的轮廓，是面貌雕刻技法的要点（插图16）。眉骨如新月
的弯线与鼻根相接直下，成明显的锐角线，鼻梁成狭窄的平面，使光滑
的呈弧面的额部与鼻梁平连。眉、眼、唇都有明确的锐角分界线，以至
颈部上下也是一圈锐角线。这种雕法，虽然也具有线的形式，但其效果
是使脸上各部份——额、眉、眼、鼻、唇——相连接处都有明确的分
界，即使在窟内较暗的光线下，也可看出脸部的分明轮廓。

　　沉静的面容，是形成石窟寺雕像风格的又一要点。而这种沉静的面

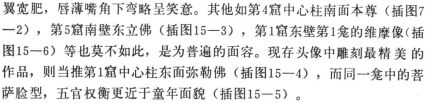

14-1 飞天 第3窟中心柱南面

14-2 飞天 第5窟平棊

14-3 飞天 第5窟西壁

15-5 菩萨头像 第1窟中心柱东面

15-6 维摩头像 第1窟东壁第1龛

15-7 礼佛图主像 第1窟南壁东侧

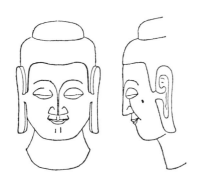

16 佛像头部容貌

容，又多得自双目下视的形态，可见眼的雕刻技法，至为重要。在这里，眼有两种雕法：一种是习见的，即写实雕法，只占少数。另一种是较普遍的雕法，只雕出眼的大轮廓，成为一个长圆形、两头尖的凸起的眼包，其中部有一条锐角线以区分上下眼睑（插图16）。

请看第1窟中心柱东面本尊头像（插图15—4），其头像后龛壁上、两肩及颈下平雕的饰带和佩饰，雕刻得那样的精细，而眼仍雕成一个凸包，可见这种雕法应出于高度的艺术概括。就其效果看在窟内一般光线下，均给人以双目微张下视的感觉，有助于取得沉静安祥的神态，是成功的创作。这种雕刻技法，在巩县石窟寺以外，仅见于龙门14窟本尊，其时代在神龟、正光间，是与石窟寺属于同一时期的作品。可知这是这一时期的新创造，盛行于巩县。而在此时期以后，无论在何处石窟中，又绝未再见此种雕法，可谓空前绝后，在我国雕刻艺术史中是一个值得重视的现象。

衣纹 前已述及衣纹以线的趣味，富于装饰性，加强了造像的韵律感。这些衣纹的图案变化甚多。以下垂的衣裾为例，略去其细微的变化，大致可归纳为一种立像衣纹形式和五种坐像衣纹形式。

立像衣纹，都是在衣裾下垂至足面后，再斜向两侧重重叠压张开。以叠压的层次多少区分繁简。如第1窟北壁第1龛内菩萨（插图13—1，17—1），第4窟中心柱东面下层龛内菩萨（插图13—5，17—2）及3、4窟西壁主龛内菩萨（图156，插图13—3），均为较繁密的形式。第四窟中心柱北面下层龛内菩萨，为最简的形式（插图17—3），几乎只具轮廓

15-1 本尊头像 第3窟中心柱南面

15-3 本尊头像 第5窟南壁东侧

15-2 本尊头像 第4窟中心柱西面

15-4 本尊头像 第1窟中心柱东面

而已。又如礼佛图中的比丘像衣纹较繁密（插图9），同是第1窟东壁维摩文殊龛内的比丘（图47，插图17—4），也简化到只有大的轮廓。

坐像衣纹变化较多，仅以下垂覆于座前的衣纹论，可分为五种形式：第一种如第1窟北壁第1龛（插图7—3，18—3）衣纹较规则，直线较多，层次分明，每层的下边大体齐平。第二种如第4窟中心柱东面下层龛（图167，插图18—5），亦层次分明而简练，下边向两侧逐渐下斜，略如立像下边两侧张开之状。第三种如第3窟北壁主龛（图114，插图18—4），两侧亦略张开，但下边较齐平。全部衣纹直线较少，曲线的趣味较多。下缘起伏曲折较大，层次不甚分明，但布置均匀。第四种为最多见的形式，以第3窟中心柱南面龛为例（插图7—4，18—2），衣纹曲线转折较大，中部略向上提起，下边大致齐平略具曲折。当中有较明显的分界线，可辨认衣裙分为左右两片。而全部衣纹布置欠均匀，稍感零乱。第五种仅见于第4窟西壁主龛（插图7—1，18—1），衣纹较密，转折活泼，每一层次的下边，全由反覆曲折的曲线组成，有如波浪形，颇具流动的趣味。这些坐像的衣纹也有繁简之别，如第4窟西壁主龛是最繁的一例，而第3窟北壁主龛，中心柱东西龛及第5窟东龛（图186），都是较简的布置。

此外如礼佛图各像衣纹，第1窟较繁（图4、41），第3窟较简（图13）。伎乐天第1窟西壁（图64—6）的较繁，第3窟南壁的较简（图14、104）。从全体看此等雕像的衣纹又简于佛、菩萨等像，可见衣纹繁简又兼有突出重点的作用。但从雕刻效果看，衣纹繁侧重于线的韵律趣味，衣纹简则侧重于体量的趣味。

衣纹的刻法，大多刀锋直下，使每个重叠处截然成为高低不同的平面，其断面如梯级形，现已习惯称为平刀或形容为阶梯形衣纹（插图17、18）。这种刀法是刚劲的，线条是流畅的，其效果是全部衣纹均由明确的线条组成，与面容的用锐角线条刻出明确的轮廓，实属同一趣味。

平刀衣纹，是北魏初期雕刻技法上的一大创造，为北魏一代的传统技法，直到巩县石窟寺仍是普遍应用的刀法。不过在巩县雕刻中，已有酝酿新技法的迹象；在刀法上，出现了刀锋斜下的偏锋，和表面雕成孤面的圆刀。在衣纹形式上，表现为出现几种细节的变化。联系各种迹象，可以对其发展过程作出如下推测：

如插图17—2，18—2、3，均属平刀，是巩县石窟寺中普遍的雕法。但其下边折叠翻转处所形成的小三角形，已不是平面而是孤面。显然是由于反覆重叠层次多，每一层都雕成平面，必然会产生某一层过厚，而失去"衣"的实感，雕成孤面是最简便的处理方法。所以，严格地说，在巩县石窟寺，实质上已经没有完全使用平刀的作品了。

如上所述，可知问题产生于坐像的下垂的衣纹，主要是如何处理层层覆压、每层左右折叠的下部边缘。上述技法是最简便的技法，还不是最理想的技法。随后，这下面的边缘出现了双线的形式，如插图17—1，18—5所示，可以说是前述方法的进一步发展，开始改变刀法，偏锋斜下，并略为划削边线的上面，于是下面边缘的断面成为略凸起的小尖角，而呈现出双线的形式。

这一改变，对于处理下边横向的曲折衣纹的边缘，较为理想，但与竖向的衣纹的交接转变，仍不够理想。于是又产生了如插图18—4的方法——全部用偏锋刀法，其结果是出现全部衣纹均呈双线的效果。（但

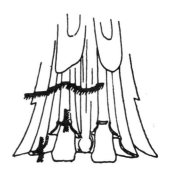

17-1 菩萨立像衣纹
第1窟北壁第1龛

17-2 菩萨立像衣纹
第4窟中心柱东面下龛

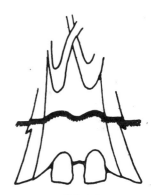

17-3 菩萨立像衣纹
第4窟中心柱北面下龛

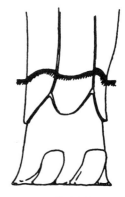

17-4 比丘立像衣纹
第1窟东壁第1龛

18-1 坐像衣纹 第4窟西壁主龛

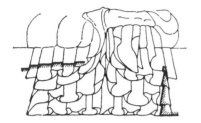

18-2 坐像衣纹 第3窟中心柱南面

18-3 坐像衣纹 第1窟北壁第1龛

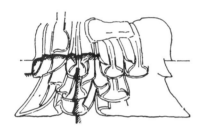

18-4 坐像衣纹 第3窟北壁主龛

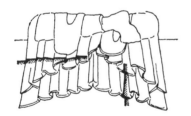

18-5 坐像衣纹 第4窟中心柱东面下龛

20 云冈石窟第20窟

19-1 双头神王像 第3窟中心柱西面

19-2 双头神王像 第4窟中心柱西面

第3窟中心柱西面、北面本尊的衣纹，虽亦为双线，却是图案的变化，不是刀法改变）。然而，这是过份的雕凿，看起来既显得不自然，又破坏了衣纹图案的优美韵律。所以最后改用圆刀，全部衣纹的表面都雕成弧面，如插图18—1的形式。虽然是小弧面，但是已经突破了平刀的老传统，对嗣后衣纹雕刻技法，作出了新的启示。

综上所述，可见佛、菩萨等宗教造像，从体形、面貌到衣纹，都具有一定的程式化。这种造像在石窟寺的全部造像中已居主导的地位，无论坐立都有固定的模式，又都是处理成静态的，由此而形成了肃穆庄严的气氛。它们的面貌是经过长期的实践塑造出来的典型。各部权衡、五官位置，近似童年人，这也许就是慈祥、神秘感的由来。而从伎乐、神王到礼佛图的体态面貌，则写实的成份逐步增多，以区别于佛、菩萨等宗教造像。

面貌衣纹是形成北魏风格的两大要点，在这里无论是佛、菩萨，还是世俗人像，所有面貌都予人以沉静的感受，即使飞舞翱翔的飞天，也莫不如此。正是这种肃穆沉静、余韵无穷的神情而使人百看不厌。衣纹既是装饰性的，有固定的形式，又富于细节的变化，丰富的线条，韵味深厚，不仅增加了造像自身的韵律感，而且在能匠妙手之下还能使全龛更富于生动气氛。如第4窟西壁主龛（插图7—1），正是由于本尊的流畅衣纹，才使整龛顿增活力。

程式化的雕刻，并没有使艺术家受到局限，试看各像面容，虽然都是略呈微笑，但这笑容在各种细腻的雕刻手法下，并不雷同。又如衣纹虽大致可别为六种形式，而每一种也都有细节的差别。这些细致的区别，也可认为是当时不同雕刻家的个人作风。

此外还有几个突破程式化的创作：如第3窟中心柱基座上西面的双头人像（插图19—1），并不令人感到是一身两头的畸形怪状，而是两个紧紧偎依在一起的神王，雕刻处理十分自然而恰当，充分显示出雕刻家的艺术巧思和高超技法。第4窟中心柱基座西面上，同一主题的双头像（插图19—2），效果不如此像，可见雕刻者的艺术水平有高下之分。又如第4窟中心柱西面下层释加多宝龛，两像侧面对坐，里侧衣裾互相压叠至座下，覆盖于地面（图168），也是巧妙的构思。而衣纹流利舒展，更极尽雕刻技法之能事。

程式化应是由既定的思想内容——即宗教的思想要求所逐渐形成

的，在一定程度上制约了雕刻家创作才能的发挥，但也不能完全束缚雕刻家的创作才能。因此，在特定的命题下，就显示出了他们的创造智慧和艺术水平。

三　结论——石窟寺雕刻的源和流——

北魏早期的石窟雕刻，始于云冈昙曜五窟（16—20窟）。此五窟造像尺度高大，而窟内空间局促，雕像似置于牢笼中，从雕刻艺术的布局看，是一个大缺陷。从雕像本身来看，比例不当（插图20），肩宽逾矩，身躯上长下短，体态僵硬，面貌呆板，缺乏神韵。衣纹多作贴体平行曲线，平雕凸起加线刻。大抵草创之初取法于中印度的雕刻形式，例如衣纹显然受抹菟罗的湿褶纹的影响，并以传统手法表现之，以致有生硬滞重之感。但作为一代之前奏，在中国雕刻艺术史上开创了新的途径。其所以历受赞赏，则在于"真容巨壮"，"雕饰奇伟"，"冠于一世"耳。

21-1　立佛像　云冈石窟第6窟东壁

自昙曜五窟之后，即融合贯通于传统雕刻之中而开始放出异彩，成为我国雕刻艺术史上划时代的创新时期，其时在孝文帝初年至迁都洛阳以前（471—494），自第5窟至第13窟均成于此二十余年间（其余诸窟或与龙门或与巩县同一时期）。凡此诸窟窟内雕像，身躯比例适当，体态自然，脸型略长，面呈微笑，亲切动人，富于活力。衣纹始见阶梯形平刀刀法，着重线条的装饰趣味，有优美的韵律感，主像衣裾下垂，雕成两侧张开，形如鸟翅的尖角，势如迎风倾立，飘然欲动。如第6窟后室东壁立佛（插图21—1），13窟南壁七佛（插图21—2），第5窟后室门西菩萨（插图21—3）均可称此时期之代表作。虽然初创时期的馀风尚间有留存，如第13窟明窗东侧菩萨像即其一例（插图21—4），但面容圆润，异国情调亦已减弱，则是不难看出的。

21-2　七佛像之一　云冈石窟第13窟南壁

上述特点，即是云冈雕像最美、最感人之处，从此，成为北魏一代雕刻风格的基调。继后的龙门、巩县虽稍有变革，如体态由略具动态变为静态；面容由微笑渐趋稍具笑意的神秘神情，并逐步变为中国人的脸型；下垂衣纹张开的强劲之势逐渐减弱等等，但终未超出此基调。细为区别，则大抵云冈初创，时有新意，多粗放刚劲，锋芒毕露，表现为明朗的气氛。而龙门、巩县秉承成法，渐趋老练细致，锋芒减退。如宾阳洞已现敦厚的气氛，沿至巩县乃成沉静的气氛，其形式并有程式化的趋向。

21-3　菩萨立像　云冈石窟第5窟后室

云冈5至13窟明显的不足之处，即缺乏整体构图的观念，不善于利用各种雕刻形式的对比手法来突出主题内容。所以我们进入窟内，虽感美不胜收，目不暇给，但难辨轻重主次，有无所适从之感。这正是由于满壁雕刻，大小丛集，边饰、龛楣、佛像背光等等装饰图案，往往过于深雕细刻，结果是与主要雕像互相干扰。或着意于殿堂等建筑形象的雕刻，致使建筑与造像雕刻相争，形成喧宾夺主之势。

龙门石窟虽创始于太和十八年迁都以前，但迁都洛阳以后至正光年间（494—525）始为北魏雕刻的主要时期。其所完成的大窟则仅宾阳中洞一窟。此窟前与云冈5至13窟相接，后与巩县诸窟相联，为北魏中期的雕刻代表作。此外如石窟寺洞、莲花洞等均完成于宾阳中洞之后，已与巩县石窟寺属同一阶段的创作。

宾阳中洞的雕刻，继云冈之后，有两项重大的发展。其一是极力克服云冈的缺点，将全窟作为一组主次分明的有机整体，从外观到窟内作出了计划周密的构图。窟前不用窟廊，只在门外壁左右各雕金刚像，作

21-4　菩萨立像　云冈石窟第13窟明窗东侧

出了以雕刻特征为主的外观形式。窟内不用中心柱又改善了窟内空间局促的环境。窟内雕刻的布局,显然是经过认真考虑的,如正侧三面巨大的圆雕三佛,主次分明(插图22);窟门内两侧浮雕细腻、雅致;佛背光、窟顶各种雕刻形式,深浅配合适当;窟中空间尺度的比例,更迎合观赏者的视角。我们到宾阳洞就如同走进了一个大型雕刻艺术馆,站立在浮雕精致的"地毯"上,可以尽情地欣赏那上下四方的雕刻。这是宾阳洞中最引人入胜之处,它是北魏一代最完美的雕刻创作之一。可以说,巩县石窟寺的构图,就是在这个基础上的继续发展。

其次是创造了一种极薄的浅浮雕形式——即窟门内两侧的浮雕帝后礼佛图(插图23—1)。毫无疑问,这是传统的平雕形式的新发展。这种高超精细的手法,令人叹为观止,其最成功之处,就在于它"薄"而充分表达出雕刻的体积和层次。这种浮雕在宾阳中洞以后诸窟中曾盛行一时,其中以莲花洞的龛楣及龛内壁面为佳(插图23—2),但终较礼佛图略逊一筹。可惜巩县石窟寺因石质疏松,未能继续运用发展这种薄浮雕,但礼佛图的布局显然为巩县所取法。

巩县石窟寺雕刻,远法云冈近遵龙门宾阳中洞。除上述各项变革外,尚有三大发展:

其一、继承龙门宾阳中洞,充分发扬了雕刻构图的艺术效果,第1窟是最好的例证。恰巧三处石窟中各有一个布局相仿的石窟。最早是云冈第19窟,它用一个主窟、两个子窟的形式,将主题内容分别容纳在三个石窟中。虽然主窟较大,子窟较小,有主次之别,但显然没有整体构图的观念,分为三窟终不免有割裂主题内容之弊。其次,即前述龙门宾阳中洞,不再赘述。第三即是巩县第1窟,此窟以崖层疏松不能凿大窟,而且必须有中心柱,以防崖层崩坍。于是以主窟为重心,在窟外崖面左右另凿大立佛龛,使全窟外观成为一个整体大构图。主次分明,重点突出。将宾阳中洞的构图原则推展到窟外,而并没有固着于宾阳洞的形式。至于有中心柱的各窟窟内壁面亦均有适当的布局构图。而第3、4等窟的外观构图,则以宾阳中洞为蓝本而更加简练,并且成为此后石窟外观的标准形式。如天龙山、响堂山等北齐、隋代石窟,多为此种形式,直至唐代许多小石塔的塔门,仍以此式为法。

22-1 龙门石窟 宾阳中洞 南壁

其二,发展了龛像的构图,借以发挥出雕像的艺术效果。凿龛造像早已习见于云冈,但云冈窟内诸龛造像尺度过大,所余龛壁壁面狭小,不能起雕刻背景的作用,加以龛外雕饰凸凹过大,干扰龛内造像,难分主次。至龙门时如古阳洞、莲花洞等窟内小龛,改变了龛和像的比例,使龛内有较宽阔的壁面,可惜在龛壁上满布浮雕,破坏了龛壁所起的背景作用,龛内雕像仍不够突出。巩县石窟寺着意改进,使龛壁基本成为光平的壁面,充分发挥了龛壁的背景作用,获得了龛内雕像的最佳艺术效果。

其三,佛坐像衣裾垂覆于座前的形式及衣纹图案,始见于龙门宾阳中洞本尊像,这时已为巩县石窟寺所广泛应用,发展出丰富多采的图案布置,使全窟造像增强了韵律感。此种坐像衣纹图案,盛行于北魏熙平以后,以迄于东西魏,为北朝后期造像之重要特征。而衣裾垂覆座前的形式,远至唐宋,尚经久不衰。

在艺术发展的过程中,技术的简化与艺术的概括是互为因果的。据巩县的具体现象,似乎是始于技术的简化,导致出艺术概括的结果。如前所举各例中的第4窟中心柱北面下层佛龛内胁侍菩萨(图170),第1窟东壁第1龛内比丘(插图17—4)等,不难体会出简化了衣纹雕饰,就必定

22-2 龙门石窟 宾阳中洞 西壁

降低线的装饰化的干扰，从而突出了圆的体形的感觉——概括。这恰巧是北魏以后，东西魏、北齐、北周四十余年间雕刻风格的主要表现。而刀法的各种变化为嗣后种种变革，如：变平雕为圆雕，变图案化、装饰化为体形的概括，变以平行线为主的衣纹为间以各种横向曲线的衣纹等等，创造了技术条件。

我们已经熟知北魏以后至北齐雕像，其特征是面容汉化，衣纹简练，坐像间用横向褶纹，身躯直立如圆柱体。这后一点最为重要，从巩县石窟所见简化技法后的雕像已略现端倪，直至隋代雕像，虽增加了新型装饰，但身躯总轮廓仍略如圆柱体。这其间的演化过程，在巩县、龙门的后代小龛中，就不乏旁证。

窟内壁面后代所雕小龛，正以其小而更须简化。如第5窟外第189龛（插图24—1），作于西魏大统二年（536），第4窟外第130龛（插图24—2）作于东魏天平四年（537），龛虽极小，但雕刻创作是认真的。衣纹简化后，坐像的腿膝，形体显然突出，而菩萨形体已极近于柱状的浑圆体。又如龙门莲花洞内南壁下层小龛（插图24—3），作于北齐天保八年（557），龛内主像下垂衣纹的中间及两侧，尚略具北魏直线下垂的遗风，但其他部份则已处理成横向的曲线纹。主像两侧的弟子、菩萨像，身躯已略如上大下小的柱状体，则为北齐雕像的一般标准的形式。

最后，还应特别指出，巩县第2窟东壁一小龛（插图24—4），虽然它缺乏确切的纪年，但断为紧接北魏诸窟以后的东魏作品，是恰当的，其雕刻如此精美，为诸小龛中所少见。从主像的面貌、腿部、下垂衣纹的中间褶纹，以及座下狮子等，都还保有浓重的北魏风格。而下垂衣纹的横向曲线，简化成圆柱形身躯的菩萨，则均已呈现出北齐习见的特征。

综上所论，巩县石窟寺既反映着北魏一代雕刻艺术发展的脉络和最后成就，又已孕育着北齐乃至隋代雕刻艺术的萌蘗。因此，它在中国古代雕刻艺术发展史上所处的地位，是十分重要的。

23-1 礼佛图浅浮雕 龙门石窟宾阳中洞

23-2 佛传图浅浮雕 龙门石窟 莲花洞小龛

24-1 巩县第5窟外第189龛 西魏　24-2 巩县第4窟外第130龛 东魏　24-3 龙门莲花洞南壁小龛 北齐　　　24-4 巩县第2窟东壁小龛 东魏

1 龙门石窟宾阳中洞本尊像

巩县石窟北魏造像与日本飞鸟雕刻

〔日〕田边三郎助著文　宋益民译

研究日本古代佛教雕刻，就不能避开中国大陆和朝鲜半岛的佛教雕刻。自战前至战后，研究古代雕刻的几乎所有人都曾论及它们之间的关系。大家知道，这里存在的问题是极为难解且多样的。例如，中国大陆上有南北的风格之差，还有朝鲜半岛三国和中国南北朝之间的影响关系等大问题，以及究明飞鸟雕刻的服饰与法具细节的源流等。虽然在时间、空间上都有相当的距离，但都作了详尽的论述，现在也不需要补充。本文只以先辈的研究为基础，谈一点个人的看法。

因本卷为巩县石窟，首先就巩县石窟主要的五个窟雕像中的若干问题，探讨我国飞鸟雕刻的产生。正如陈明达氏等在本卷所强调指出，巩县石窟是龙门石窟宾阳中洞之后开凿的、和北魏帝室有关的石窟，即北魏后半期最有代表性的造像。这是讨论的前提。和云冈、龙门的北魏窟相比较，其规模缩小了，可看出是一种简化，但它犹如核心之作，表现全面，出现了独具慈祥而纯洁品格的雕像。下边将从这种形式上的齐备和温和的表现两个方面进行探讨。因涉及到日本，难免颇为跳跃式的推论。

一

先谈如来像的服饰问题。这是近来顿时引起久野健氏注意的问题，下边引证他关于龙门石窟宾阳中洞本尊像形式的论述（插图1）①。

"内用僧祇支与裙，上结腰带。腹前结口正是此腰带，长垂台座下者即裙之大襟。此像在内衣外披袈裟。袈裟覆于左臂和左肩上，绕过后背，略覆于右肩上边，从右肘下绕到前面，到左前臂为止。略覆袈裟的右肩下，另有一层布，从右前臂下垂，如袖子，另一头通过腹前覆于左前臂。"

这另一层布就是《大宋僧史略》和《四分律行事钞》上讲的偏衫。久野健氏指出，这种服饰多见于巩县石窟，而且看得更清楚。②

的确，巩县石窟主要的如来像几乎都用这种服饰。但是，这里有几个问题。其一，巩县石窟的造像虽是一种简化，但把主要的特征都表现出来了。从衣领的层叠上看，自左胸至颈部是二至三层，而从右颈到前胸减少一层。这就是说，这一层是略覆于右肩而绕过右肘外侧的袈裟，因此从领边上不见。第1窟北壁第1龛本尊像（图67）的内衣领子，左边不露右边露；而第4窟中心柱南面下层佛龛内本尊像（图164），三层衣服下还穿着内衣，衣领左边露四层，右边露三层，两者有所不同。这就说明，在内衣和袈裟之间夹有几层衣服，而偏衫不只覆于右肩上，而是通过两肩的。

从这个衣领上看，一般穿袈裟的如来像，如第1窟外东侧大佛（图2、35）等，其左右衣领各四层，这就和久野健氏认为穿偏衫的像的穿着完全一样。就是说，此像也穿了偏衫。

同样的例子还见于天龙山石窟中被认为是最早于东魏营建的第2、3窟③，也从成都万佛寺遗址出土的石佛中见到④。特别有意思的是，万佛寺石佛中梁大同三年（537）铭如来立像（插图2）和如来坐像（插图3）

①　《龙门、巩县的石窟佛与飞鸟、白凤佛》，载于〔日〕久野健、松山二郎：《龙门·巩县石窟》六兴出版1982年版。

②　〔日〕久野雄：《东亚佛像与偏衫》，载于《古代小金铜佛》，小学馆1982年版。

③　参见《天龙山石窟》第6—8、17—19图〔日〕金尾文渊堂1922年版。

④　参见《成都万佛寺石刻艺术》第10、13图，中国古典艺术出版社1958年版。下文中有关万佛寺遗址出土的石佛，请参考此书。

2 大同3年铭石造如来立像   3 石造如来坐像 成都万佛寺遗址出土   4 云冈石窟第20窟本尊像
　成都万佛寺遗址出土

一起保存下来。在这些自北魏后半期至两魏采用褒衣博带式服饰的佛像中，作为立像把偏衫露出外面的例子几乎是独一无二的；相反，作为坐像不表现偏衫的并非全无，可举出巩县石窟第3窟北壁主龛（图114）和中心柱南面的本尊（图117、118）等例子。

　　这意味着什么呢？这就是说，采用褒衣博带式服饰的佛像大体上内穿偏衫，它在通肩的形式下不外露，只有袈裟露右臂的形式下向外露出。反过来说，后一种形式就是这种服饰的偏袒右肩了。在大多数情况下，坐像为偏袒右肩，立像则通肩，因此唐代道宣就有过类似把它们加以区别的想法，曰："初听偏袒，是谓执事恭敬之故。后听通肩披衣，以示福田相之故。"⑤

　　关于偏衫的采用，北宋《释氏要览》中把这种服饰的起源误认为三国之魏⑥，但在同时代的《大宋僧史略》中记载始于北魏⑦。扬泓氏考证这个时期的服饰，曾把这种偏衫解释为可从天安元年（466）铭大阪市立博物馆所藏石佛立像和云冈第20洞大佛（插图4）等雕像中所见的略覆于右肩的衣边⑧。然而，从被认为是太和金铜佛中上品的旧长尾美术馆所藏释迦如来坐像上看，从右肩盖过来的袈裟和衣领相连，因此应解释为它的边。这种形式宁可解释为北魏前半期的偏袒右肩的形式，但这个时期尚未采用偏衫。另从太和十三年（489）铭根津美术馆所藏金铜二佛并坐像（插图5）中可以看到，这个时期的服饰以通肩和偏袒右肩形式为典型。

　　上面谈到，内衣和袈裟中间有几层衣服，其中可能包括偏衫的问题。麦积山石窟中被认作魏塑的第126窟如来坐像（插图6）⑨，其内衣外边的布端从正面打结，在它外边穿上了和袈裟不同的宽敞的通肩衣服，其一端如袖子覆于从袈裟伸出来的右手前臂上。在这种情况下，腹前打结的显然不是带状之物。巩县石窟第3中心柱南面本尊（图117、118），也许就是这种打结的表现，别处也有使人置疑的这种例子，对这种结口的实体需要进一步弄清楚。麦积山石窟中另有被看作是隋塑的第62窟如来坐像⑩，在偏袒右肩的袈裟里边露出很大一块想必是偏衫的衣服，连在其衣领上的细带在胸前打结。关于偏衫，也需要从文

⑤ 参见《四分律删繁补阙行事钞》卷下之一大正藏40第108页。

⑥ 《释氏要览》卷上偏衫条记载："竺道祖魏录云：魏宫人见僧袒一肘不以为善，乃作偏袒缝于僧祇支上相从因名偏衫。"（大正藏54第270页）

⑦ 《大宋僧史略》卷上服章法式条记载："又后魏宫人见僧自恣。偏袒右肩乃一施肩衣，号曰偏衫。全其两扇衿袖，失祇支之体，自魏始也。"（大正藏54，第238页）

⑧ 〈试论南北朝前期佛像服饰的主要变化〉，载于《考古》杂志1963年第6期。

⑨ 参见〔日〕名取洋之助：《麦积山石窟》第21图，岩波书店1957年版。

⑩ 同上，参见第64图。

5　太和13年铭金铜二佛并坐像　　　6　麦积山石窟第126窟如来坐像　　　7　永熙3年铭石造立佛像　　　8　大统14年铭石造如来
　根津美术馆　　　　　　　　　　　　　　　　　　　　　　　　　　　　　　　　陕西省华阴县　　　　　　　　立像　山西省博物馆

⑪ 北宋元照《四分律行事钞资持记》卷下之一记载："但世人不识偏衫即是祇支覆肩二物，故复于其上重更覆耳，当知偏衫右边即是覆肩，但顺此方缝合两袖截领开裾犹存本相，岂不然耶"云云（大正藏40，第364页）。

⑫ 同注⑨，参见第57图。

⑬ 参见〔英〕O·赛伦：《五世纪至十四世纪中国雕刻》欧内斯特·本出版公司1925年版第2卷第143—144页。

⑭ 同上，参见第142页。

⑮ 参见《山西石雕艺术》，朝花美术出版社1962年版第23、24图。

⑯ 〔日〕水野敬三郎：〈释迦三尊与止利法师〉，载于《奈良的寺院 3 法隆寺金堂释迦三尊》，岩波书店1974年版。

⑰ 〔日〕大西修也：〈百济佛立像与一光三尊形式——就佳塔里废寺遗址出土的金铜佛立像而论〉，载于《博物馆》1977年第315期。

献中查明⑪。

这种服饰，在多数情况下是绕身体的袈裟末端到左前臂终止，但偶有与众不同的收尾形式。一种是往右肩翻上去的形式，另一种是从右肩下来覆于右前臂的形式。这些形式在巩县石窟中均不见。但第一种形式见于：麦积山石窟第97窟魏塑如来坐像⑫（颈部修补）、永熙三年（534）铭原地为陕西省华阴县的端方氏旧藏石质三尊佛像⑬、山西省博物馆藏太原开化寺遗址出土的石质如来立像等；第二种形式见于：巴黎吉梅美术馆藏据说也是从华阴县带走的石质三尊佛立像⑭、山西省博物馆藏大统十四年(548)铭石质如来坐像（插图8）⑮等。其中有通肩的坐像和偏袒右肩的立像，都是这类服饰流行的后期作品，作为一种现象应解释为衰落。但是，这种衰落却与朝鲜半岛和日本古代雕刻有着很深的联系。

二

日本飞鸟雕刻的代表作、法隆寺金堂铜质释迦三尊像的中尊（插图9），可以说是采用北魏后半期褒衣博带式服饰通肩的坐像。正如水野敬三郎氏所指出⑯，从侧面转到背面看，在左肩到左前臂上，袈裟的衣边恰似从中间折了上去，给人以两层布分别覆于肩和胳膊上的感觉。他认为，"止利造像时期，采用北魏式服饰（这里指褒衣博带式）的像和另一种采用衣端覆至左肩式的像传到日本，而止利式佛像把此两种形式加以综合。"他又强调说，"从正面看，最重要的一点是这个时期选用了北魏式服饰。"

正如前一节最后部分所述，把衣端往左肩翻上去的形式并不是褒衣博带式的典型形式，不用说这是一种变化的形式。但正如水野氏也指出的，这种形式到齐、周时多见，南朝时也有，如上海博物馆藏梁中大同元年（546）铭石质三尊佛像（插图10），而在朝鲜半岛就有更多的例子。大西修也氏早已开始探访诸如扶余佳塔里废寺址出土的小金铜佛等同类遗物，并从东京国立博物馆藏法隆寺献品小金铜佛第143号一光三尊佛立像（插图11）中尊以及忠清南道瑞山郡云山和泰安的摩崖佛等遗物中掌握了这种形式的变化⑰。他的推论只当别论，看起来采用这种服饰的遗物多见于百济，而它传到日本的例证中有上述法隆寺献品小金铜

9 法隆寺金堂铜造释迦三尊像

10 中大同元年铭石造三尊佛像
上海博物馆

11 铜造三尊佛立像 法隆寺献物143号
东京博物馆

佛。从这个小金铜佛上看，虽然止利式服饰基本上属于褒衣博带式，但可以想像到其中曾有过复杂的经历。

可认为比法隆寺金堂释迦三尊像先制作的飞鸟大佛即安居院铜质释迦如来坐像（插图12），是高达六丈的巨作，但经过中世的火灾，现在看上去因修补过多，哪里才是当初的面目，实难辨认。但是，从修补者一丝不苟的态度上，久野健氏认为是在相当的程度上得到了复原⑱。其复原程度还是个问题，构成衣纹的面，很难想像是当初的造型，但还可以辨认出衣端从左肩下来覆于前臂部的模糊的构图。因为如前节结尾所述及，已有变型之一种的先例，因此可以想到从这种形式发展到法隆寺金堂释迦三尊像的形式了。

下边再看一看很可能是继法隆寺金堂释迦三尊像之后制作的法轮寺木质药师如来坐像（插图13）的服饰。和这个问题一起，对朝鲜半岛上相近的例子——益山郡莲洞里石质如来像引起注意的还是大西修也氏⑲。本文虽不能详论，但可以说，此二坐像服饰的基本形式乃是巩县石窟中占主导的形式，在这个意义上，它们是属于采用褒衣博带式服饰的最典型的作品，只因法隆寺坐像的偏衫衣端同似乎从其外面卷入胸前的袈裟之间的关系不清楚，仍留下了不能充分理解的缺点。因此，两个袖口就成为袂状。另一个值得注意的是袈裟底边的处理方法。这里完全承袭了止利式，仅就此而论，可否认为它是止利式服饰定型之后的作品呢？

⑱ 〔日〕久野健：〈飞鸟大佛论〉上、下，载于《美术研究》1975年第300、301期。

⑲ 〔日〕大西修也：〈百济的石佛坐像——就益山郡莲洞里石造如来像而论〉，载于《佛教艺术》1976年第107期。

12 安居院铜造释迦如来坐像

13 法隆寺木造药师如来坐像

14 铜造如来坐像（正面）
宿水寺出土

15 铜造如来坐像（背面）
宿水寺出土

16 大统17铭碑像 シカゴ美术馆

17 石造菩萨半跏像头部 永青文库

⑳ 参见金载元：《谈宿水寺遗址出土的佛像》，载于《美术研究》1958年第200期图ⅦB。

㉑ 例如，北周保定二年（562）铭碑像（山西省博物馆藏）、北齐河清三年（564）铭碑像（华盛顿弗里尔美术馆藏）等。

㉒ 同注⑬，参见第169—171页。

莲洞里坐像在处理偏衫方面比它出色，裂裟的衣边也不同，但在南朝鲜还有比这些更自然地表现出这种服饰形式的金铜佛。在庆尚北道荣州郡顺兴面内竹里宿水寺遗址出土的一群小金铜佛中的一尊，正是采用这类服饰的如来坐像（插图14、15）⑳。这尊像的偏衫从右边开襟，呈扇形，裂裟末端从左肩背下垂至左肘下。其造型技巧娴熟。大西氏还举出从这类服饰可以理解的另一例，就是他在庆州市见到的三尊石佛中的中尊略覆在右肩上的乃是裂裟的衣边，其前端应通过右手下在腹前出现，但去向不明，只表现了覆于左前臂上的衣边。是一种简化的作品，此类遗物颇多，弄得彼此之间的关系复杂了。

法轮寺的坐像，其垂至右胸的偏衫衣领垂直下来，通过腹前裂裟的上面，并与通过右肘下的裂裟相区分，这种形式与大约从齐、周时期以后所见的形式相接近㉑。目前收藏在芝加哥美术馆的西魏大统十七年（551）铭大碑像㉒，恐怕是我们所知道的最早的一例（插图16）。但正如前述，在法轮寺像的这个部分也可能有简化，因此在探讨和这些像的关系时需要慎重。

上面谈到日本飞鸟雕刻中显著的遗物三尊如来坐像，并弄清了它们都是属于褒衣博带式服饰范畴的作品。北魏后期形成的服饰形式，后来随着时间和空间上的变迁表现出各种变化，但它到底还是强烈地漫长地影响到日本飞鸟时代，构成了庄重的雕刻风格。

三

再回到巩县石窟。关于这个北魏造型的佛、菩萨像的技法，如优美而端正的姿态、宁静而高雅的气氛、相互融洽而画龙点睛的刀法等，应该特书一笔。它的造型犹如保守的王朝文化的传统。关于这种感受的根据，莫宗江、陈明达两位先生在本卷作了充分的论述，不用赘言，只提一下它和我国飞鸟雕刻有共同的二、三点。

首先观察头部表现中眼睛的雕刻技法。正如莫、陈二位所述，"沉静的面容是形成石窟寺雕刻风格的一个要点。而这沉静的面容，又多得自双目下视的形态。"文中还指出，这种雕法考虑到了窟内的光线；除同时期的作品龙门石窟第14洞本尊外，在其他地方不见这种雕法，这是在中国雕刻艺术史上值得重视的现象。这种雕法把眼球刻出自然而隆起，上睑线最高，下睑线低，形成倾斜，眼睛的轮廓描得轻，呈杏仁状，几乎不引人注目。这种表现技法最突出的例子是第1窟诸龛主尊（图81、86），其次是第3、4窟诸龛主尊（图118、21、164）。别处不见这么大的倾斜角。只能见到隆起的眼球外仅以细线刻出眼型的像。胁侍菩萨像和弟子像多用后一种技法。

现在几乎被外光曝晒的第1窟外边的大佛（图2、35），原来可能也是在有屋顶的窟室内，因为其眼球隆起的程度一样，轻轻地刻出下视且温顺的杏仁状眼形。把它和龙门石窟宾阳中洞三尊如来像比较起来看，其眼神也完全不同。宾阳中洞诸尊直视前方，表情明快，而这尊大佛目光朝下且沉静，这是为什么？

从眼睛的表现技法而论，自北魏后半期至两魏，龙门宾阳洞方式为主导，勉强一点，永青文库所藏原在西安花塔寺的石质菩萨半跏像（插图17）也属于这一类。此像两眼隆起，眼睛线条刻得细，与巩县石窟菩萨像如第1窟第1龛西侧胁侍像相似（图69）。这个菩萨像，从体态到衣纹的雕法、总体上画龙点睛的简化手法以及典雅的气氛等，都有很多共同点。另外，书道博物馆藏东魏武定二年(544)铭石质菩萨半跏像(插图18)的眼睛的表现技法，也可看作是这种方式的简化。有趣的是，在这之后，从白玉造像等意在简化的小像类中也能看到类似的表现技法。

虽然不是因为眼睛的表现技法，但常常和巩县石窟的雕像一起被人们所引证的还有现藏在东京国立博物馆的石质三尊佛立像(插图19)[23]。此像可看作是东魏的作品，在眼型、衣纹的雕法等方面颇不相同。但其整体上各部分相互融洽，风格典雅，其中也可以看到某种联系。

然而，把具体的雕口、润色等进行比较是确有困难的。像的尺寸和材料上的差异很大。巩县石窟佛的气氛多半是依靠洁白、柔软的石料造出来的，而上述菩萨半跏像是黄华石料，但其表面洁白，气质上相近。这种感触需要靠对实物的细心观察，和服饰等形式上的比较，不能一概而论。但是，看到巩县石窟佛的眼睛可以联想到的作品在日本另有一个，那就是中宫寺木质菩萨半跏像（插图20）。

此像两眼的眼球隆起的程度虽不那么突出，但上睑线很高，下睑线很低，只用中间的倾斜面俯瞰，这种表现技法的确少见。诚然，本像为涂彩像，只剩下可能是画眼睛轮廓的描线，制作当初的眼型恐怕是清楚的。但是在微暗的室内，恐怕和现在一样依靠光线来认出下视而和蔼的眼睛的。另外，此像的那种超人微笑的嘴唇，其口角与面颊相融洽，表情慈祥，很象巩县北魏佛像中表情最慈祥的佛像。

当然，这并非说巩县的北魏佛像和中宫寺菩萨像之间有 直 接 的 联系。那末，巩县北魏佛像中用过的雕法是否绝后了呢？从前述白玉像等例子中可以知道，虽说没有能够继承下来，但也不能完全无视事实。比如，朝鲜半岛上有几尊小金铜佛以及花岗岩质的温和的石佛等，很难说它们没有受这种影响。在日本飞鸟雕刻中也有中宫寺像等例证。

再看一看法隆寺金堂释迦三尊像（插图21）。中尊的两眼略微下视，明显地呈现杏仁状，直视正面。但是，两尊胁侍像的眼睛就大不相同。仔细看，眼睛呈现出细长的杏仁状，视线朝下，但乍一看，其形状看不大清楚。刻得太轻，有点象巩县北魏佛中刻出眼型的像。当然其中充满着两者共有的沉静的气氛。如果说这就是区分佛和菩萨本质 的 不 同 技法，也许应该惊叹的。

总而言之，在法隆寺两尊释迦三尊像一具中，在其造型表现上至少体现了两种技法。那就是龙门石窟宾阳中洞的表现技法和巩县石窟表现技法的并用，恰似止利式服饰把两种式样加以结合的做法。

四

巩县石窟北魏佛造像特点不仅在于眼睛的表现技法上，稍长而文雅的面孔，加上发部不刻一纹，给人以更明快的感觉。胁侍像宝冠顶上带装饰的表现技法，同样如此。坐像上身略高，立像身材细长，刻出衣褶和装饰品，但做到少而精。拿背光来说，中尊的双重圆相用色彩表现出来，只刻出胁侍菩萨和僧形头光的边线。中尊的台座是由上下各二至三段的框和腰构成的宣字座，两胁只配上狮子，胁体几乎都是一至二段的莲花座。有时画上包围诸尊的大背光，边上再配为数很少的飞天。这样在整体上利落而庄严的造像例子，恐怕是少有的。现在色彩脱落下来，那里有只能靠用光线照出来的雕刻的明暗来直观才能说得出来的东西，看过龙门北魏佛回来的人，恐怕尤其留下这种强烈的印象。

当时出自洛阳附近的作品，如目前收藏在纽约大都市美术馆和大原

18 武定2年铭石造菩萨半跏像书道博物馆

19 石造三尊立佛像 东京博物馆

20 中宫寺木造菩萨半跏像头部

23 参见〔日〕松原三郎编:《中国美术 1 雕刻》淡交社1982年版等书。另外，据传此像是从河南省新乡县过来的，但在民国十九年(1930)《河朔访古新录》卷7辉县第13条上有从施主名上看疑是同一像的记载。

21 法隆寺金堂铜造释迦三尊像（部分）

22 石造三尊立佛像 大原美术馆

美术馆的可看作是河南派的石质三尊立佛像(插图22)[24]，都是身材瘦长而潇洒的造型，以纤细而熟练的线刻花样而著称，但在风格上与巩县石窟雕刻略有不同。前述东京国立博物馆收藏的东魏石质三尊立佛像也是如此。就是说，参加过巩县石窟造像的工匠们颇为个别。那末，这种特色从何而来呢？

多数人认为，这是受南朝风格的影响所致。尤其北野正男氏认为，这个石窟开凿年代早于龙门宾阳中洞，而且由于北魏的汉化政策受到南朝文化的影响[25]。开凿年代另当别论，多数人强调指出，北魏孝文帝太和年间的汉化政策具体就指南朝文化的移植，尤其是已把南齐永明元年（483）铭石质无量寿佛像（插图23）[26]公诸于世。前述扬泓氏已发表论文认为，这里所说的褒衣博带式服饰也可能先出现在南朝，而北魏把它引进的。吉村怜氏发挥了扬泓氏的论点[27]。

这一说同第一节介绍的久野氏说即偏衫始行于北魏之说正相反。但正如前述，久野说的论据也来自北宋时期的传说，因此对于这种传统的来源、系统等需要考证，本文不宜作结论。下边只根据现保存的南北朝的遗物，试论巩县石窟北魏造像的风格。

根据目前所知的南朝系统的遗物，诸如前述永明元年铭无量寿佛像、从成都万佛寺遗址发掘的一群石佛、上海博物馆藏中大同元年铭三尊佛像等，其佛像的服饰大体上分两种类型。一种是第一节详述的褒衣博带式，其形式从北魏至两魏没有变化（参照第一节）。另一种服饰，如从中大通元年（529）铭释迦立像（插图24）所见印度笈多式通肩形式，在万佛寺一群石佛中还有三例，其中包括保定二至五年（562—565）铭石佛。这些可否认为是从陕西省博物馆和山西省博物馆所知几个被认作北周时期圆雕的通肩形式石质立佛像——其中山西省博物馆藏天和四年（569）铭佛像为典型——的原型？我虽然没有亲眼见到这些遗物，但四川省的遗物富于柔软的肉感，很可能错认为是唐代遗物，真可谓印度的真传。这些作品同褒衣博带式的、具有中国式威仪的佛像出现于同时代同一地区，这一点本身就叫人感到惊奇。其次，这一群四方脸的佛像的表现技法也非常熟练，多表现出柔软的感觉，而最为精巧的大作算是大同三年（537）铭圆雕如来立像，其下半身衣褶给人以流动的感觉，显示出造型技巧的娴熟。总之，从成都万佛寺遗址出土的一群佛像，与其说反映了一个地区的风格，不如说从中可看到更高度的、恐怕是梁代成熟的风格之一面。

松原三郎氏指出，在这一群佛像中的中大通元年铭文中出现相当于梁武帝之孙、鄱阳王萧恢之子的人[28]，并得出了同样的结论。这种熟练的技巧、柔软的感觉、造型的精巧，不就是巩县石窟佛像的特点吗？只有一点不同，巩县石窟佛像中反映的熟练的技巧、柔软的感觉伴随着巧妙的简化法，造型的精巧伴随着端正的格调，使人感到北朝的成熟。在前一节开头介绍的北野氏的说法是颇有意思的，他推断这个石窟的建造者是南齐的流亡贵族萧一族。这种推断另当别论，即使是认为这个石窟是由北魏帝室所开凿，年代也推到稍后，但如果设想这位南朝贵族参加营造，那末就更容易理解这个石窟佛像的风格。

下边稍离开本文主题，谈一点四川省一群佛像的特点和意义。第一，关于螺发。这一群中圆雕像的头部都被切断，无头，另挖出几个头，都是粒状的螺发（插图25）（包括刻出旋毛的）。这大概是受了笈多风格的影响，连褒衣博带式佛像也采用了这种螺发，算是这类佛像中

[24] 〔日〕松原三郎：〈东魏雕刻论〉，载于《美术研究》1959年第202期。

[25] 〔日〕北野正男：〈巩县石窟〉，载于《世界文化史迹 7 中国石窟寺》，讲谈社1969年版。

[26] 同注[4]，参见附图1。

[27] 〔日〕吉村怜：〈昙曜五窟论〉，载于《佛教艺术》1969年第73期。

[28] 〔日〕松原三郎：《中国佛像南北风格之再考》，载于《美术研究》1974年第296期。

23 永明元年铭石造无量寿佛坐像

24 中大通元年铭石造如来立像
成都万佛寺遗址出土

25 石造佛像头部 成都万佛寺遗址出土

是早期的和显著的例子㉙。六世纪后，尤其是朝鲜半岛和日本如来像的发型，采用龙门宾阳中洞式波浪型者少，一般都采用了这种粒状（包括刻出旋毛的）或巩县石窟佛式无纹型，由此看来，这决非一件小问题。第二，有一个显著的事实是这里出现出色的圆雕像。关于这种现象，我曾以隋朝白玉像为中心写过论文㉚，后来松原氏也以这一群佛像为中心作过探讨㉛，这里不再赘述。但有一点需要强调指出，从五世纪到十一世纪远东雕刻的变迁上看，它出现在石质雕刻中的意义是极大的。

再回到巩县石窟佛，谈其特点。探讨一下在整个风格上构成很大特点之一的装饰技法问题。前面已经谈到，背光等几乎都是只雕出轮廓，其它细部则涂彩，但同时期的龙门宾阳中洞以及其它一般石雕对这个部分的雕刻就细致。这种技法是不是如前述永青文库藏黄花石质菩萨半跏像以及白玉造像中所能见到的那种技法呢？在日本飞鸟雕刻中，这种技法反映在法隆寺百济观音像中。

众所周知，飞鸟雕刻中背光几乎都刻出光纹，其典型可见法隆寺梦殿救世观音像（插图26），连其细部都一丝不苟地刻画出来，表现技法极其严肃，而百济观音像（插图27）的背光只刻出中心的莲花和周围的复轮，其余部分均用色彩描画流利，给人以轻松的感觉，两者形成对照。这两种表现技法上的对比已在龙门石窟和巩县石窟中反映出来，一种是严肃的技法，另一种是轻松的技法，两种系统一直传到日本，至今令人惊叹。

如果说巩县石窟的这种轻松的表现技法由来于南朝风格，那么和本节论及的圆雕像问题一起，还可以考虑和木雕、乾漆造等石雕以外的雕刻——恐怕这些曾在南朝盛行过——的关系。但是，这个问题超出了本文的范围。

最后再谈一下法隆寺金堂释迦三尊像（插图9、21）。我在前面就此像的服饰和眼睛的表现，分析了这种风格的组成因素。螺发问题、和圆雕像的关系问题等，也可能产生出另一种考虑，例如服饰的原型是否

26 法隆寺木造观世音菩萨立像背光

㉙ 粒状螺发的例子中最早的恐怕是正始二年（505）河南省汲县邑义等地造 像 石质三尊佛立像（森特路易斯美术馆藏）。此像为河南派的大作，但地方色彩较浓，且在头部造型上仍有一些疑义，故只在注释上提及。

㉚ 〔日〕田边三郎助：〈关于大英博物馆藏隋朝白玉大像〉，载于《佛教艺术》1980年第129期。

㉛ 〔日〕松原三郎：〈中国南朝像资料考〉，载于《佛教艺术》1980年第130期。

27 法隆寺木造观世音菩萨立像背光

在于圆雕像的想法㉜。然而，此像实以出色的感觉和技法，创造了一个完美无缺的风格美。它成功的原因在于，正如水野氏对服饰的论述，它是一种积极的选择，决非是一种被动的选择。这种选择对象 的 幅 度 很大，这使我们想像到在我国的试验；如果再把中国大陆和朝鲜半岛考虑进去,那里就有庞大的组成因素的累积。我认为,这一点就不能简单地用一条线来连结高句丽、百济或南朝、北魏。这是初步的想法，如果把这个源流在大范围内考虑的话，起点放在巩县石窟的北魏佛，终点是推古三十一年（623）止利所造的飞鸟雕刻。

㉜ 〔日〕松原三郎：〈增订中国佛教雕刻史研究〉（吉川弘文馆1966年版）第123 c、d图所录小金铜佛立像，疑是这一类型，但因未见到实物，只作注记。

巩县石窟寺总叙

安金槐　贾　峨

巩县位于河南省的中部，北依邙山，南控辕辕关，东有虎牢天险，西为洛阳平原，自古以来，就是拱卫洛阳的门户，又是从华北通向关中的必经之地。

石窟寺在巩县（孝义镇）东北九公里的寺湾村东地。在北魏时名希玄寺①，唐宋两代称为净土寺②，明代改称净土禅寺③，清代迄今名石窟寺④。寺南临洛河，背依大力山（唐时名花笑岭⑤，亦名限山⑥；自宋代以后名大力山）。山的上部为厚约4.50米的黄土层，下部为岩石层，露出地面部分的厚度约20米。石窟就开凿在岩石层上。早期寺院建筑，已荡然无存，现在窟前的大殿为清代同治年间（1862—1874）修建。

石窟群共五窟，南向平列（图1）。新中国成立以前，人民处于无权的地位，各窟被盗凿，主像遭到破坏（参见本卷附〈流散国外的巩县石窟寺北魏造像简目〉）。石窟寺摩崖造像更因风雨剥蚀，损坏严重。其中第3、4、5窟及千佛龛，由于长期无人管理，遂为洛水泛滥时带来的泥土淤埋约三分之二。新中国成立以来，清除了各窟内的淤泥，使比较完整的雕刻得以重新与群众见面。1963年，我们曾将现存各窟，由西向东顺序编为第1窟（图2、30）、第2窟（图228），以上为西区；第3、4窟和第5窟以上为东区。造像龛及造像题记是由西向东分别依次编号（均详见文物出版社1963年版《巩县石窟寺》）。1973年进行石窟修葺工作，剥去了北宋皇祐四年（1052）塑制⑦和明代万历年间（1573—1620）粉妆的⑧第1窟中心柱四面主龛和第4窟中心柱四面上层佛龛佛像的泥塑，第4窟南壁上部佛龛中佛像的外层泥塑也同时被清除，从而露出了北魏佛像的原貌。1977年清除第2、3窟间大力山崖壁的积土时，发现了北齐佛龛40座和唐代优填王像3尊；另在第3窟西侧发现佛龛4座。1980年在修葺石窟寺工程中拆除第3、4窟外壁砌砖时，发现东魏和唐代佛龛40座和天王像1尊。这些新发现，大大丰富了我们对石窟寺内容的认识。新发现的佛龛编号接续1963年原来的编号，号数原则上自西向东编排在实测立面图上，并补充了1963年版的《巩县石窟寺》实测图1、3、26上遗漏的龛号。窟外摩崖佛龛，较原编号238增加90号，共328号。其中第2、3窟间长约27米的岩壁中段，发现小龛40个，现编为第244—283号，作为石窟寺的中区。因此，最新划分的巩县石窟寺区域为：第1、2窟为西区，第3、4、5窟为东区，以及上述新发现的40个小龛为中区。全寺共存五窟、三尊摩崖大像、一个千佛洞及328个历代造龛。全寺总计造像约7743尊，造像题记及其它铭刻186篇。现存造像题记属北魏的3篇，东、西魏10篇，北齐29篇，确定为北周的2篇，唐85篇（其中3篇刻于个体造像上），宋代2篇，年代不明的30篇（内有个体造像记3篇）。还有唐代碑文2篇，经幢所刻佛经2篇，塔铭1篇，题名2篇；

宋、金时期碑文3篇，钟赞1篇，刻诗1篇，方丈遗轨1篇。还有龛下石刻佛经2篇，颂文1篇，游人题记1篇。经初步查明这座石窟寺已佚的造像题记及其它铭刻文字共58篇，其中属于北魏的2篇，东、西魏3篇，北齐12篇，唐代29篇，具体年代不明的10篇，宋、金时期塔铭2篇，牒文1篇。

从石窟寺的形制、造像风格及题记来看，巩县石窟寺系北魏开凿，并历经东魏、西魏、北齐、唐、宋等代，续有增凿。虽然数量较云岗、龙门等处为少，但在雕刻艺术上，却有相当高的价值。特别是各窟内的礼佛图，伎乐人、神王像、窟顶平棊等，雕刻精美，保存完整，是全国各石窟中稀有的雕刻品。其详细内容逐窟综述如下：

①⑤　石刻录72〈后魏孝文帝故希玄寺之碑〉。
②⑥⑦　石刻录79〈重建净土寺碑〉、172〈唐净土寺毗沙门天王碑铭〉、185〈宋净土寺住持宝月大师碑铭〉。
③⑧　石刻录194〈重修大力山石窟十方净土禅寺记〉。
④　石刻录195〈重修石窟寺碑记〉。

第 1 窟

窟外两侧各刻与窟门同高的大龛，龛内均雕金刚力士像。西侧一像高3.4米；东侧一像高3.46米。西侧力士像龛与窟门之间上方的崖面已崩塌，造像龛已不存在。下部保存有18个小龛（图210）。这18个小龛靠西边的多残缺，其它的可看出年代的有：35龛下北齐天保七年比丘法□造像（石刻录33），38龛下天保八年梁弼造像（图216，石刻录35），39龛天保八年造像（石刻录36），37龛天保九年比丘道邕造像（石刻录37），34龛河清二年比丘道□造像。（石刻录42）。此外，39龛左有北宋嘉祐二年罗吉题记（石刻录183）。西侧的力士像上方岩壁上原来刻有菩萨、罗汉等像三排。这些残缺不全的罗汉面部表情肃穆、沉静。其上方雕刻有带状忍冬纹边饰。边饰上方的壁面还雕刻有两身供养飞天。目前仅残存西侧的一身，东侧的已经崩落了。西侧的力士像龛壁已被唐人雕成12个小龛（13龛—23龛、241龛），多为咸亨、永隆年间（670—681）造像（图210）。更西有一摩崖菩萨大像（图33），就其形势看来，此处原来应是一尊大立佛和二菩萨的大龛，立佛及西侧的菩萨已经坍毁。现存大像应为立佛东侧菩萨像。东侧力士像龛上部残存雕像2，似为一佛、一菩萨。更东就是巩县石窟寺最大的摩崖佛龛，龛内刻一尊高5.3米的立佛和二菩萨像（图2）。这尊大佛头顶有圆髻，眉目清秀，两耳下垂，颈细长，褒衣博带，衣纹呈阶梯状。惜东侧菩萨像的上部已残。这座大龛的东侧岩壁上有小龛7个，上面的小龛皆残破，下面的保存较好，其中98龛是西魏大统四年比丘僧惠造像（石刻录18），97龛是北齐天保七年比丘

□造像（图217，石刻录36）。

窟内平面呈方形，有中心柱（图74、75）。窟门向南，高3.4、宽2.46米。从门的东壁上部曲向门顶的弧线看，可知北魏时的窟门较现在砖砌的门略低。门上有方形明窗（图30）。门窗东部残破较甚，近年曾用砖修整。窟内各壁长、宽均在6.50米以上，高6米。由于窟外曾被洛水所淤，因此窟内地面低于窟外现在的地表约1.4米。

窟门的门道西壁开凿14个小龛（第42—55龛；图212），多系唐代开凿，其中52龛是延载元年比丘道贞造观世音像（图215，石刻录152），50龛是久视元年程基造像（图214，石刻录158），49龛是咸通八年苏氏造像（图213，石刻录166),55龛和53龛是咸通八年李氏造像（图212,石刻录168、169）。44龛右刻有宋太平兴国八年题记（石刻录182）。

窟顶 雕方格平棊，在靠中心柱的一周方格内，全刻飞天；其外第二周各格内分别雕莲花和化生；最外周方格内雕各种莲花图案。天花支条面上雕有卷草，支条相交处雕有小朵莲花（图93、94）。全部平棊除东南角和南部偏西处稍有残损外，一般保存尚完整。平棊表面原施有黑、黄、红色彩绘，至今仍隐约可见。

中心柱 长、宽各2.8米，下有方形基座，高0.61米，长、宽各3.3米左右。顶端和平棊相接处，皆刻莲花化佛，下刻垂鳞、山纹和彩铃组成的垂幔。四面各刻佛龛一个，各龛内均刻圆雕一佛、二弟子和二菩萨。由于宋时有人在诸像表面塑妆泥像，明时加以粉妆，使他们的艺术形象显得俗陋、臃肿。1973年剥除了佛像泥塑外壳后，揭露出北魏雕像的原貌。目前这些新清理出来的佛、弟子、菩萨和飞天的形像，不仅保存得比较完整，而且形像也十分生动。

中心柱南面主龛中雕本尊像一躯，面目沉静，头有肉髻，身躯向前微倾，褒衣博带，衣纹繁复，垂于须弥座前。右手作施无畏印、左手作与愿印，神情飘逸自得（图76）。右侧的弟子迦叶，身着袈裟，头部已残缺。左侧的弟子阿难，面部温和，身着袈裟，双手合十（图78）。两尊胁侍菩萨，保存较完整。头均戴宝冠，有圆形头光，身着尖领内衣，腰系长裙，披巾自两肩翻绕于胸前，交叉于腹部，身体微微斜倚，仡立于须弥座的两端。一手中拿宝珠，一手撩起披巾。手指雕刻纤细自然（图78、79）。龛壁刻有火焰纹背光。龛楣刻成垂幛形。背光和龛楣间的空隙刻有一对莲花化生。左右各刻飞天。这供养天体态轻盈，作凌空飞舞状（图77）。舟形背光的两侧雕有供养佛，手中举着莲花化生。须弥座两侧刻有对称的石狮，狮毛向身后飘扬。佛龛两边刻有唐代小龛5个。中心柱下基座的表面浮雕力士和神王像，现存较完整的有2躯，残缺不全的4躯。西起第一躯已缺失。

中心柱东面主龛中的本尊是第1窟雕像中最出色的一躯。他的前额略方，颐较尖圆，闭目深思，表现出超脱尘世的神态。通肩大衣内露出颈下内衣领口的边饰。这卷草纹的花边有如精细的绣品，下面悬垂着圆形的饰物（图3、80、81）。本尊南侧的菩萨的形象与上述的菩萨相同（图82）。其旁的弟子头像已毁。1973年曾在这里发现有宋代佛学论文和佛经讲授提纲（参见本卷〈巩县石窟寺大事年表〉）。本尊像北侧的弟子像保存完整，菩萨像已被盗走。龛楣下南侧

的供养天尚存，但北侧的供养天已流散到日本⑨，仅所执的莲叶现尚残存于龛壁。

龛下的基座雕力士、神王像尚见六躯，靠南侧的两躯头部已缺失（图83、84）。

中心柱西面主龛中的本尊像，右手已残（图9、85、186），两尊胁侍菩萨像的头部已不存，南侧的弟子像也早已被人凿去。龛顶对称的飞天与中心柱其他各龛的都不相同。这是一对伎乐天，南侧的一身吹横笛，北侧的一身弹琵琶，是上述飞天中最精美的。须弥座的左右两侧各雕石狮一。基座表面现存力士和神王像共6躯（图87、88）。

中心柱北面主龛的本尊、弟子和菩萨像的布局和东、西两龛类似（图10、89），而龛楣下面的飞天与其它各龛不同之处是他们手执的莲花上坐着一尊化佛。柱下基础残存神王像6躯（图90—92）。另外，基座东北、东南、西北和西南隅神王像已残缺。

1979年10月，在中心柱北面主龛两侧壁面，发现有镌刻题记两条。西侧是"上仪同昌国县开国侯郑毅赠开府陈州刺史息乾智侍仏时"；东侧为"毅妻成郡君侍仏时"⑩。

窟内四壁的顶端和平棊相接处，雕莲花化生一周，其下刻折带、垂鳞、山纹、彩铃等构成的垂幔。四壁垂幔之下，均刻排列整齐的千佛龛15层，龛内小佛的衣着，变化颇多，约有10余种式样。

南壁 明窗上刻神怪2躯，左侧已残。在门的两侧千佛龛下，各雕礼佛图浮雕三层，东侧是以北魏皇帝（图39）为前导的供养群象（图38—40）；西侧是以皇后为前导的女供养群像（图4、41）。在这些浮雕里既刻画了"仪态雍容"的鲜卑贵族形象，也雕刻着身材矮小的侍从，以及数量众多的仪仗和富丽的衣冠，反映了北魏王室及贵族礼佛的情景。从礼佛图上所刻的皇帝及其臣僚的服饰和仪仗中的华盖、羽葆来看，拓跋贵族进入中原地区以后，在推行汉化政策方面所取得的成效是显著的。不仅高级贵族的装束进行了改革，即使是奴婢阶层的服饰也仿效汉族模样⑪，说明北魏的政治改革在促进民族融合方面起了积极的作用。

这些浮雕礼佛图的构图精致，刻法熟练。上面的彩色仍隐约可见，保存较良好，是北魏石刻中少见的。

南壁西侧中层礼佛图的西部和南壁东侧礼佛图上、中层东端的供养人列像，在解放前已缺佚一部分。后二者现由日本国立京都博物馆收藏⑫；前者亦已流入日本国（见大阪市立美术馆编《六朝の美术》图215、44、213）。

礼佛图之下有一列伎乐人（图38），东侧东起依次为：第1躯弹琵琶、第2躯奏笙篌、第3躯吹横笛、第4躯鸣法螺、第5躯吹排箫。西侧残损较甚，仅存一击鼓的乐人。

东壁 千佛龛下并列四个大龛。高1.55米，宽1.33米至1.55米。龛与龛间的柱面上刻有纹饰。北起第1柱残损较甚，仅看出柱面刻帏幔。第2柱有覆莲柱础，柱身上有后刻的并列坐佛4排柱顶上刻有饕餮纹。两龛之间的飞天已被破坏。第3柱保存完整，柱下有覆莲柱础，柱顶刻忍冬纹和莲花化生。柱面刻饕餮纹。两龛楣之间，各刻有2飞天（图49）。北起第1龛顶部残缺甚烈，龛内刻维摩诘、文殊问答像（图43）。维摩身着通肩大衣，手执麈尾，坐于莲花座

上（图48）；文殊损毁过甚，面目已不可细辨（图47）。座像两侧各刻有供养人，头光上侧残存3比丘。这座龛的雕像是构图比较简单的维摩经变相。第2龛内为一佛、二菩萨像（图44）。佛头残损。龛楣刻火焰纹，龛楣上刻对称的飞天。第3龛内也刻一佛、二菩萨（图45）。此龛北侧的菩萨宝冠已残，南侧的保存完整，造形优美（图50）。主佛身残更甚，背光两侧刻对称的飞天，佛身两侧刻卷草和莲花纹饰，龛楣刻七佛及莲花。第4龛内刻释迦、多宝像（图46），坐于莲座上，头部皆已残缺不全。舟形背光中间刻卷草纹，顶端刻莲花。4龛龛下壁脚刻供养伎乐1列（图51—55），唯残损较甚。可辨者北起第1弹阮咸，第2吹横笛。此像的头部在解放前已流散到日本。大阪市立美术馆编的《六朝の美术》图43的笛乐天头像和这躯残存的身躯原是一个整体。第9弹琴（图52），第10吹竽（图53），第11击鼓（图54）。

西壁： 千佛龛下也并列四个大龛，高宽与东壁诸龛略同。龛间皆雕立柱，柱下为覆莲柱础，柱头刻饕餮纹，西龛楣相交处刻莲花、化生等纹饰。其中南起第3柱保存较好，柱面刻有卷草纹和饕餮纹（图60）。两龛楣之间各刻2身飞天，彩色还相当鲜艳（图5、6）。

南起第1龛内的佛和菩萨残损，龛楣刻忍冬纹（图58），龛楣外刻对称的飞天。第2龛的佛像头部残缺，躯体保存比较完整，但南侧菩萨缺佚（图59）。龛楣上刻七佛，佛与佛的舟形背光间刻小朵莲花。龛楣的尖拱两侧刻有对称的飞天（图7）。第3龛龛楣刻火焰纹。第4龛龛楣及其左右的飞天莲花化生已遭破坏。龛内原刻有佛涅槃像（图61），不知何时被人凿去。涅槃佛的上方龛壁上残存7身比丘，头部多已不存。但他们的下方尚存三尊比丘坐像（图62、63）。四大龛下壁脚刻供养伎乐一列（图64—66），南起依次为：第1吹横笛，第2弹阮咸，第3吹排箫，第4残损，第5击羯鼓，第6奏筚篥，第7弹阮咸，第8残损，第9吹排箫，第10鸣法螺，第11、12均残损。

北壁 千佛龛下也并列四个大龛（图67、68），高、宽与东壁略同。龛楣作五边形拱，拱面系用长方形、菱形、方形和梯形的边框连接而成，内刻卷草纹。龛楣顶端刻莲花，两龛楣之间的上部各刻莲花化生。龛柱下雕覆莲柱础，柱面刻有帏幔。龛内各刻一佛、二菩萨像。其中西起第1龛的本尊像，作闭目瞑思状，眉目清秀，形象生动（图8、67）。其东侧菩萨像已被盗走，西侧菩萨像保存完整，是巩县石窟寺现存北魏菩萨中最美的一尊（图69）。第2、3龛内佛和菩萨像全遭破坏，从遗留的凿痕来看完全是有意盗走的。第4龛的本尊像原来已被人凿下来，未及掠去，被弃置在东壁的第2龛前[13]。近年来，已将它复原于原位上（图68），此龛东侧的菩萨像，头戴宝冠，身着披巾，面带笑意，庄严有度（图70）。这四个龛下的壁脚刻12身形像各不相同的异兽像（图71—73），有的张牙舞爪，有的长舌外伸，有的手执长矛，有的背生双翼，有的身首倒置、长尾上卷。像这种神怪像分别见于洛阳北魏石棺[14]、萧梁临川靖王萧宏墓前神道碑侧浮雕[15]、响堂山石窟[16]、北魏王悦暨妻郭氏墓志[17]、尔朱袭墓志[18]、筒景墓志[19]、侯刚墓志盖[20]、元九墓

志[21]。北魏正光二年冯邕妻元氏墓志四周的画像边饰刻有12幅与巩县石窟寺第1窟及第3窟北壁壁脚相似的神怪线刻形象，并且刻有榜题。它们的名称是蛤蟆、拓仰、攫天、拓远（在盖面上）；乌获、磔电、攫撮（在左侧）；啮齿、长舌、挠远、廻光（在右侧）；啮石、护天、发走、挟石（在前面）；挠撮、掣电、懽憘、寿福（在后面）。对于这些神怪，赵万里氏说："不知何所取义，殆亦形象厌胜之术耳"[22]。这些怪兽刻于巩县石窟第1窟门内南壁中部上方，第1、3窟北壁壁脚、以及第4窟南壁礼佛图下，似有辟邪之意，但这些神怪与佛教石刻艺术的关系，尚有进一步地探讨的必要。

环绕中心柱的地面刻有与平綦相对应的支条分格式的花纹，方格内有各种莲花浮雕图案，惜大部磨损，但在靠近该窟的四隅的地面上尚可见到一部份遗迹。

⑨ 日本大阪市立美术馆编：《六朝の美术》，图214，平凡社1976年版。
⑩ 详见石刻录4、5校注。
⑪ 帝王图，《中国美术》第1卷图38，讲谈社。
⑫ 近年来，巩县文物管理委员会试图将此图修复，但由于缺乏有关参考资料，新补修的两人与原作有显著差异。原作持羽葆的仆从头向是侧面的，而复原的却塑成为正面的。
⑬ 河南省文化局文物工作队编《巩县石窟寺》图65，文物出版社1963年版。
⑭ 洛阳博物馆《洛阳北魏画像石棺》，《考古》1980年第3期。
⑮ 姚迁等编《六朝艺术》图57，文物出版社1981年版。
⑯ 大阪市立美术馆编《六朝の美术》图277，响堂山走兽。
⑰至㉒ 均见赵万里《汉魏南北朝墓志集释》，中国科学院考古研究所编，科学出版社1953年版。

第 2 窟

第2窟位于第1窟的东侧，高3.6米、南北长4.9—5.2米、东西宽约6米。就窟形看可能系北魏开凿，由于岩石裂隙较多，不利于凿窟造像，在中心柱雕出雏形后，即行停工废弃。窟的前壁已经崩塌，窟内除东壁雕凿1东魏的大龛外，其余10龛都为唐代所凿。

中心柱 长宽约3米见方，高约3.6米。南面自上而下，开凿三个龛（图11、95）。最上一龛，刻一佛、二弟子、二菩萨和二力士像。佛像的脸庞丰腴，身着袈裟，结跏趺坐，衣纹垂于束腰弥勒座前。须弥座呈覆莲形。弟子披袈裟。胁侍菩萨头戴宝冠，衣纹贴体。力士手持兵器，分立于龛旁。左右各刻1狮子，颇有生气。其下刻7尊小坐佛，左右各刻1身供养人像（图99）。龛下镌刻唐龙朔三年比丘法祥造像记（石刻录75）。此龛之下凿有与其大小相近、造像题材和艺术风格相同的佛龛，龛下刻有12身供养人像（图100）。龛下镌刻唐代龙朔二年魏处旻造像记（石刻录70）。下层的佛龛较大，内刻一佛（头已残）、二弟子、二菩萨和二力士像，除本尊像坐在仰覆莲座上，其余的分别立于莲蓬上。龛楣刻七佛，两侧刻飞天。龛下刻对狮。龛外两侧刻有高于龛身的菩萨像。头戴宝冠，颈部饰有项链、璎珞，垂及膝部。菩萨像皆立在覆莲上（图101）。龛下刻三归依经。（石刻录216）。

东壁 共有四个龛（图96），下部偏北的一个龛，就雕刻风

格看是属于东魏的。龛内的佛像头顶有圆髻，脸蛋比北魏的丰满，通肩大衣的衣纹作阶梯状，但下部呈重叠的双弧纹，垂覆于须弥座前，龛下左右各刻一狮子。狮子侧身，一肢向上举起，造型已与第一窟的固定形制不同（图97）。佛像的两侧刻胁侍菩萨像。偏南的1龛，龛楣刻七佛，内刻一佛、二菩萨、二弟子、二力士像。龛下左侧刻1像，右侧刻1狮子，但残损较甚。龛下造像记的年号已漫漶㉓。上方有2小龛，位于北侧的已空荡无物；南侧的龛内刻一佛、二弟子、二菩萨像。龛下刻供养人2身和石狮1对（图96）。两龛之间刻咸亨元年张文政造像记（石刻录135）。

西壁 四个龛（图98），全属唐代。靠上的一大龛，龛楣刻帏幔，龛内刻一佛，（残损甚烈），二菩萨、二弟子，系唐代乾封二年八月十日比丘法祥所刻（石刻录132）。此龛下北侧的小龛刻有一佛、二弟子、二菩萨、二天王像。佛的须弥座作仰覆莲状。天王足踏石兽。南侧的2小龛都刻一佛、二弟子、二菩萨像。上龛之下刻有对狮；下龛刻对狮和供养人像。龛左刻唐咸亨八年张法善造像记（石刻录131）。下龛刻比丘法袢造像记（石刻录132）。

第2和第3之间的岩壁（即中区），1977年在清除堆积的黄土时，发现40个摩崖小龛（编号244—283龛）。这些摩崖小龛排列整齐（图218）。最大的261龛高0.65、宽0.55米。最小的265龛高0.17、宽0.08米。这是继北魏之后，从北齐天保二年至天统四年（551—568）开凿的小龛。其中天保年间的小龛集中于中区西部。261龛西侧有天保二年三月三日许昌郡中正督府长史崔宾先（《北齐书》无传）造像记（石刻录18）。此龛有东乡河清和天统年间（562—569）的造像记，可据以确定这些小龛的年代。这些小龛内有雕一佛、二菩萨像的；有雕两尊并列的立佛的；有雕一尊立佛像的；有雕一尊小坐佛的。天保二年至天保四年的造像，大部分类似北魏造像的艺术风格，个别的（例如河清年间的272、273、274龛和天统年间的251、268、276龛）的造像，显然与北魏造像的艺术风格有所不同。而后者的衣纹几乎都是横向的弧形并垂覆于方墩形的须弥座前。

这40个小龛共有21篇造像题记，绝大多数见于经川图书馆刊本《巩县志》（1937年版）。我们在1963年编《巩县石窟寺》时已找不到他们的踪迹。当时对于第2、3窟间27米长的崖壁间原来是否有窟龛的问题，很难作出判断。十余年后发现这批北齐造像龛，对于巩县石窟造像的分期研究，具有重要的意义。

1979年在第3窟门西发现四个小龛，其中284龛在第3窟门的上方，龛内残存有唐代的一佛、二弟子、二菩萨像。285龛（图219）位于3窟门西1.5米，龛内刻一佛、二弟子、二菩萨像。龛下刻对称的石狮，对狮间刻有一人手持宝珠。龛右刻供养人三排，共11人。根据佛像的衣纹纵向褶叠垂置于方墩上，菩萨像身上残存的X形帔巾和供养人头上戴的冠冕，可以初步判断此龛年代最晚不会晚于北朝晚期㉔。

285龛的下面是286龛和287龛（图220）均为唐龛，但已残缺，下有题记，因字迹漫漶，不可句读。286龛的题记中隐约可见"乾封二年囦月"字样㉕。

㉓ 石刻录198〈造像残记〉。
㉔ 龙门石窟的普泰洞北壁西部中间由下而上数第2龛的佛像，与巩县第285龛佛像相似。
㉕ 因字迹不清，未收入本卷石刻录中。

第3窟

第3窟窟外的崖壁及窟门崩塌，曾以砖砌壁面及券加以保护，1980年拆除砌砖重作修葺。在拆除第3窟门及3、4窟外崖面的砌砖时，发现东魏天平三年（536）至唐代乾封二年（667）的小龛40个（288—327龛，图139）。另外在第4窟门外西侧发现一尊残破的天王像。这些小龛共有造像题记28篇，其中第3窟门西侧的288龛是唐代开凿的；289号是嵌于第3窟窟门西壁的唐代小坐佛雕像。其它各龛都位于3、4窟之间的崖面或窟门门道的左右两壁。

第299、300龛是第3窟门东的小龛，皆刻一佛、二菩萨像（图26）。佛头上有肉髻，面像清癯，坐于方墩上。菩萨像身上有X纹披巾。龛下有天平三年赵胜荣造像记（石刻录7）。第305龛刻一佛、二菩萨像，佛结跏趺坐，其下有仰覆莲座（图223）。这种造像形象是巩县石窟所少见的。龛下镌刻有大统四年三月魏文颢造像记（石刻录14）。309龛内刻一立佛，龛下刻北齐天保二年比丘道成造像记（石刻录21）。295与302的造像形象相同。前者佛像坐于莲座上，后者坐于圆形佛座上，龛下都刻有唐龙朔年间（661—663）的题记。290龛是麟德年间（664—665）刻制的，佛的头像已缺佚。291龛（图221）系乾封二年张士妻造像（石刻录01）。301龛是唐乾封二年比丘法袢造像（图26，石刻录02）。其它小龛多为乾封年间（666—668）的题记。

这些小龛的东侧是第4窟门西侧的力士像（图140），头部已残缺，但肩部和下身的衣纹尚保留一部分。它与门西的力士像（图141）对称。其形象与龙门石窟火烧洞西北隅小龛的力士相似㉖，手中也执金刚杵。这尊力士像的东侧就是第4窟的窟门。门的西壁崩塌，曾用石头修补，使其与窟门东壁对称，据石刻小龛，可知为唐麟德年间修补。为了叙述方便，我们将这块石头上的小龛一并在此说明。它的南面尚存四个小龛（图224、225），即第313—316龛。最上面的是313龛，刻一佛二菩萨像，龛楣刻云纹图案和对称的飞天，惜右侧的飞天已残。此龛是龙朔二年种海云妻王氏造像（石刻录63）。314、315龛造像相同，都是唐代乾封元年造像。前者造像主是刘孝□的母亲（石刻录93），后者是苏洪道（石刻录98）。它的西面刻三个小龛（图224）即第317—319龛，只有319龛有题记（石刻录173）。它的东面有四个唐代小龛（图225），即第320—323龛。最上为320龛，下刻麟德二年魏弁忩题记（石刻录87）。321龛刻麟德二年杨四郎造像记（石刻录86）。322龛是这群佛龛中最小的，高10、宽6厘米，内刻一尊立佛。323龛下无题记。

第3窟是东区最西的一个窟，窟的形制与第1窟略同，惟门上无明窗。窟内长宽5米左右，高4.25米。

窟顶 基本与第1窟同，但比较简单，少了一周方格图案。除东南角塌落一部分外，大部分保存尚好（图19、138）。

靠中心柱的一周方格内，全刻飞天，其外各格内分别刻莲花、卷草和化生等图案。枝条相交处刻小朵莲花。

中心柱 长宽约2.22—2.38米。柱下有方形基座，高0.56、长约2.78—2.92米之间(图117)。顶端和平棊相接处，刻莲花化生一排，下刻垂鳞山纹和彩铃等雕饰。其下四面各雕大佛龛一个，高约2.5米，底宽1.56米至1.85米，内刻一佛、二菩萨、二弟子像。佛座两侧皆雕有狮子。南面龛内雕像保存比较完整(图118)；龛楣和两侧刻垂幔，顶端刻对称的飞天和卷草纹(图16，17)。柱基座中央刻力士，两侧各刻神王像(图18，119—122)。唯西起第4躯已残失。东面大龛内的本尊像已残，菩萨像被盗凿，两个弟子像保存相当完好(图123—125)。龛楣及龛两侧刻较简单的帏幔。柱基座现存有神王像6躯(图126，127)。西面大龛内的本尊上部残损(图128)，菩萨头像已缺佚，二弟子像比较完整。但龛楣和帏幔雕刻极为精致。龛楣中部刻有口衔帏幔的饕餮纹，两侧刻对称的龙，均口衔垂幔、璎珞。龛北侧上端刻一飞天系璎珞，南侧飞天残损，仅剩下部璎珞。龛下基座刻神王像6身(图18，129—131)，其中第5躯为双面神王像，怀抱着一个婴儿(图18)。北面龛内除佛的头部残损外，其他各部保存完好(图132—134)。基座上存有神王像5身(图135—137)。

四壁顶端和平棊相接处，雕刻有和中心柱顶端类似的垂幔一周。在垂幔下雕千佛龛，计东、西、北三壁，几乎满壁刻千佛(图15)，每壁各刻千佛11层。在壁面中部雕主龛，壁脚刻伎乐人像。

南壁 窟门两侧千佛龛下，各刻礼佛图三层，其中东侧的3列损毁较甚，仅余左下角一点残迹。礼佛图下各刻伎乐人像2身，东侧左起：第1吹竽，第2弹琵琶(图104)。西侧上列礼佛图的列像前有比丘前导，他的身后所雕的供养人像尚残存一组。中列和下列保存得比较完整。从南壁中列礼佛图看，比丘、贵妇和侍从等浮雕的刻法比第1窟的简练(图13)。壁脚伎乐人像左起第1击羯鼓，第2击腰鼓(图14)。

东壁 中部主龛内刻一佛、二菩萨像(图105)。本尊的头像已残。衣纹垂于方墩前面，直至龛底(图106)。龛楣两侧刻飞天。壁脚刻伎乐人像6身，北起依次为第1鼓琴、第2击鼓、第3击羯鼓、第4吹排箫、第5吹横笛、第6鸣法螺(图14)。

西壁 中部主龛内的本尊和它的左侧的菩萨、弟子像已被盗凿，仅残存菩萨和弟子像各一尊(图110)。龛外周缘雕饰，异常精致，惜南侧稍残损。龛楣作尖拱形，楣脚雕栩栩如生的苍龙。龛上两角各雕一凌空飞舞的飞天(图109)。这种龙首形的楣脚曾见于龙门石窟莲花洞。但莲花洞的龛楣两端刻昂首向上的苍龙，龙首方向与此龛相反，而且口衔莲花[27]。龛缘柱头刻兽面，柱下刻覆莲柱础，雕刻精致，可以说是巩县石窟中的杰作。壁脚刻伎乐人像7身，南起依次：第1吹横笛、第2吹笛、第3奏阮咸、第4吹排箫、第5弹箜篌、第6鼓瑟、第7吹竽(图111—113)。

北壁 中部主龛内刻一佛、二弟子、二菩萨像，各像头部均残损(图114)。壁脚全刻异兽像。由于此窟规模比第1窟小，神怪数量也比第1窟少5躯。除东侧第1躯残缺外，尚存6躯，皆筋肉突起，狰狞可畏(图12，115，116)。

窟内地面原雕刻有图案，根据残存部份可知和平棊纹饰基本相同，大体上是上下对应。

㉖ 龙门文物保管所：《龙门石窟》图版89，文物出版社1981年版。

㉗ 同注㉖，图版83、84。

第4窟

第4窟紧靠第3窟的东侧。窟门上方无明窗。门券仅存东侧一角，券脚卷起成龙头，由此可知窟门原应为尖拱形门楣券面，上雕忍冬纹。窟底亦和第3窟在同一水平面上。窟门为拱形，仅窟外门东尚保存3米高的圆雕力士像1躯(图141)；西侧力士像残存下部(图140)。力士像皆不凿龛。门道两侧刻有唐龛。西侧龛有4个(图226)。239龛内刻一小立佛。它的南侧325龛内刻一佛、二菩萨像，龛下有麟德二年子光本造像记(石刻录92)。龛右刻东周牛化麟等人题记(石刻录241)。326龛刻一佛、二弟子、二菩萨像，龛下刻乾封元年贾父相的母亲王氏造像记(石刻录97)。327龛右侧有种善造像记(石刻录174)。

第4窟门西壁还有明代"嘉靖改元春壬三月十有八日奉陪大行刘石堂先生谦享氏游饮于此帝丘泽山桑溥"题记。窟门东壁有"春三游胜地，五马至肇旌，盃酒留连夜，高情东肯(肯)行。嘉靖。"题诗一首。这些小龛的题记和嘉靖年间题诗皆不见于1937年编印的《巩县志》。

窟内高4.5米，四壁长各4.54米至4.83米。

窟顶 平棊保存最为完整，支条分格图案南北、东西对称。在靠中心柱周围的方格内，刻各种姿态的飞天和莲花化生，其外周各方格内刻莲花(图23，177，178)。平棊上的彩色依稀可见。

中心柱 宽1.7至1.81米，柱下有方形基座，高0.56、宽2.2至2.3米(图162)。四面各刻两层佛龛，下层较上层龛高大，约高2米左右，宽1.12至1.13米。上层龛高1.1至1.2米，宽1.2至1.3米。中心柱顶端与平棊相接处刻莲花、化生一层，其下刻垂鳞山纹和彩铃构成的垂幔(图177)。柱南顶端莲花和化生布置较密，上下大龛保存得也比较完整。上龛内为一佛、二菩萨、二弟子像，龛楣和两侧刻帐幔，佛背光左右角各刻飞天(图163)。下层龛内刻一佛、二菩萨像(图164、165)。龛楣作五边形拱，拱面系用长方形、菱形和方形的边框连接而成。拱上刻莲花、莲蓬和三角纹饰。龛楣下和两侧刻帐幔，帐幔内左右角上刻小化佛(图164、166)。柱基座上刻力士、神王像3身(图171、173)。柱东面上、下层龛内皆刻一佛、二菩萨像(图167)。其中以南侧的菩萨保存较好。上、下龛楣雕饰与南面基本相同。柱基座上刻4身袖王像(图172、174)。这4躯神王中3躯皆残缺头部。北起第1躯珠神王的头部高27厘米，已流入日本，现藏正木美术馆[28]。珠神王像的身躯则仍保存在原处。柱西面上层刻一佛、二菩萨像，北侧的菩萨像已被人窃去。下层龛内刻释迦多宝并列的坐像。他们的距离较近，身着褒衣博带式大衣，衣裾自座前垂覆于地面，交错相叠(图168)。龛楣、帐幔与东面相同。柱基座上刻神王像4身（图171、175）。柱北面上层佛龛佛头和菩萨已残缺，下龛内残存佛身和西侧菩萨（图169、170）。龛楣和帐幔与西面基本相同，唯残损较甚。柱基座上刻神王像4身（172、176）。以上所有上层诸龛佛像，皆经宋、明塑造或粉妆，形态臃肿。1973年已剥去泥塑，露出北魏造像原貌。

窟内四壁顶端刻有和中心柱顶端相同的垂幔一周。垂幔下除南壁门两侧上部刻四层千佛龛外，其它三壁上下各刻千佛龛十六层（图20、142），唯多残破。在东、西、北三面千佛龛的中部，各刻大佛龛一个，东西壁龛内刻一佛、二菩萨、二弟子像，北壁龛内刻一佛、二菩萨像。

南壁 门上方和平棊相接处刻一龛（见本卷《巩县石窟寺雕刻的风格及技巧》一文中的插图7—6），龛楣作五边形拱，下刻帷幔，龛内刻一佛、二菩萨像。菩萨像的左右刻有立柱，立柱外侧的空间各刻坐佛。东侧的坐佛下面，还残存一尊山坐佛。由于洞窟宽度较窄，南壁中间开凿窟门后，左右两侧较狭窄，壁面的千佛龛下刻礼佛图4列，较1、3窟多出一列，每列礼佛图行列分为三组（图143—6）。门东侧礼佛图上层残缺一半（图143），壁脚雕异兽像2身（图147）。门西侧上部刻礼佛图两层（图22，148—150），其下两组位置合为一幅壁画，中部画一供养人，朱面，长裙，其右侧残存的一人已模糊不清。这是巩县石窟寺中仅有的一幅壁画，惜烟薰较甚，故形象很难辨认。门西侧下部各刻两个怪兽，姿态凶猛（图151）。

东壁 中间主龛刻一佛、二弟子、二菩萨像。龛楣作五边形拱，拱上刻莲花和三角纹饰，唯稍有残损（图152）。龛楣两侧刻帷幔。壁脚刻神王像9身（图153—155）。

西壁 中间主龛与东壁基本相同，龛内雕像保存较完整。佛像的衣纹较密，线条流畅，垂置于座前。佛座两侧刻狮子（图156）。壁脚刻伎乐人，南起依次：第1左手持莲花，右手持莲叶；第2吹竖笛；第3吹排箫；第4奏琵琶（图157）；第5鸣法螺；第6吹横笛；第7吹篳篥；第8击羯鼓（图158）。

北壁 中部主龛内刻一佛、二菩萨像，龛楣两侧刻飞天（图159）。壁脚刻伎乐人10身，西起依次：第1击腰鼓、第2击钵、第3击鼓、第4弹箜篌、第5奏琴（图160）、第6击磬、第7吹箫、第8吹竽、第9击铜钹、第10鼓琶（图161）。

窟内地面也刻有与平棊相应的图案纹饰，但损毁的比较严重，仅隐约可辨（图179）。

4窟外摩崖造像比较多，共计65龛，其中以窟外东侧和东侧拐角的壁面上保存的比较完整。龛的大小和龛内所刻的佛像形式甚多，部分龛还有题记。其中130龛龛楣刻成尖拱券面，佛头顶上有肉髻，面像清瘤，褒衣博带，衣裙垂覆于方墩前，下呈波浪形（图235）。菩萨的头像还保留着北魏的风格，但胸腹间已不见X形的帔中。龛下有东魏天平四年（537）惠庆造像记（石刻录11）。154龛为北齐天保二年（551）比丘道成造像龛（图240，石刻录21），龛内小坐佛的衣纹如同第38龛，并且与249至251、272、273龛相似（图218）。第38龛系天保八年梁弼造像（石刻录35），251、252龛系天统二年比丘惠庆造像（石刻录51），272、273龛下有天保二年左宣造像记（石刻录22）。

第4窟门的上方，刻有三个唐代龙朔二年的小龛，龛楣皆刻莲花，其中101龛内刻一佛、二菩萨像，下刻供养人6身，龛楣莲花两侧各刻1身飞天（图227）。第102龛的莲花龛楣刻得最好，龛内刻一佛、二菩萨像，下刻供养人3身（图228）。龛下刻比丘尼惠严造像记（石刻录67）。103龛龛楣造像与前2龛相似，龛下有曾廓仁母造像记（图229，石刻录65）。第117龛龛楣内有姿态优美的飞天。龛内刻坐佛和二菩萨像立于莲座上，下刻供养人像6身（图231）。龛下刻有史行威造像记（石刻录64）。这些小龛龛楣、造像和供养人的风格相同，似乎是巩县石窟寺唐代龙朔年间造像的特点。此外还有龙朔二年慕容怀安（127龛下，图234，石刻录68）、贾节造像（131龛下，石刻录71）、龙朔三年（120龛下）左禅师妻马（石刻录74）和雍子华造像（124龛，图232，石刻录78）。麟德二年比丘怂惠（109龛，石刻录88）、孙奉义妻靳氏（113龛，石刻录89）和孙承叔造像（123龛，石刻录91），以及总章二年田□瓒造像（116龛，石刻录121），乾元□年马师（128龛下，图234，石刻录162）等造像。

第119龛雕刻丰富而生动，龛内刻一佛、二菩萨、二弟子、二天王、二力士。其中佛坐于莲座上，其余各佛皆站在莲蓬、莲叶和莲花上，并用莲梗与佛莲座连接起来（图230、233）。龛楣以12个伎乐天组成，共分三组，中间一组6人，皆立于用莲梗连接的莲花上，当中2人作舞蹈状，其余4人奏乐，可辨认者西侧为击腰鼓及吹排箫，东侧模糊不清已无从辨认。左侧一组为3身伎乐人像，左起依次为、击铜钹、吹笙、弹琵琶；右侧一组亦为3身伎乐人像，左起依次为：弹琵琶、吹法螺、第3剥蚀过甚，不能辨认。龛下刻有一排栏杆，在每个栏杆的格内各蹲一个力士神像，双手承托横栏。龛底刻一排6身怪兽。龛的最下部刻有一排跪着的供养人像。在这个小龛的下面即是"后魏孝文帝故希玄寺之碑"（石刻录72），碑高36厘米、宽94厘米，正书四十一行，行十五字·碑文中称"敬造阿弥陀佛像一□，粤以大唐龙朔二年□月八日"，当为此龛的凿造年代。在东端拐角处第141龛下并列相当大的一块佛说盂蓝盆经（石刻录234）。在141龛下，小龛比较密聚（140、147—163龛；图236、238）。155龛内的佛和菩萨像已残，从佛座前垂覆的衣纹看，极似285龛内佛像衣纹，它们可能是同一时期的作品，时代约在北朝晚期。

在第4窟窟门东壁的上方有两个小龛，最上的是113龛，龛内刻一佛、二菩萨、二弟子像，龛下刻唐麟德二年造像记（石刻录89）。它的下面是114龛，再下即是新发现的三个唐龛（235—237龛），前文已叙述（实测图39）。

㉘ 同注⑨，《六朝の美术》图201。

第 5 窟

第5窟位置在第四窟的东面，并向南突出2.86米。地面也不在同一水平面上，窟底高于第4窟约2米。窟门保存比较完整，高2.06米，上窄下宽，约在1至1.2米之间。门楣作尖拱形券面，内刻忍冬纹，楣脚刻反首向上的龙首，龙首向外翻卷，门两侧有方柱，柱础刻作狮子形。龙首与石狮皆刻得生动有力。窟门外壁两侧，各刻力士像1躯（图182）。二像均凿有长方形边框，靠近门侧的上方，边框皆向力士头像的方向曲成弧形壁面，以便给窟门券面楣脚让出龙首的位置（图180）。

由于第5窟是巩县石窟寺中最小的一座洞窟，所以窟内没有中心柱。此窟平面呈正方形，唯四壁中部微向外突。窟内高约3米，方约3.2米。窟顶藻井以大朵莲花为中心，周围环绕6身飞天。飞天脸型瘦长，细颈，项间有桃形领圈，薄衣贴体，飘带自头后绕至两肩，翻过两腋，向后飘曳。衣裙绕脚，手拿卷草，围绕着大朵莲花作旋转飞舞状（图204，206—209）。藻井四角刻有4身化生，并间刻忍冬花纹，构图精美活泼。除东北角稍有崩塌外（现已将崩坍下来的部分归安修复），保存相当完好。

窟内东、西两壁等长，北壁较东西两壁略宽。三壁各刻大佛龛一个，龛内刻一佛、二菩萨、二弟子像。

南壁 雕尖拱形券面，券面上刻坐佛5尊。门楣上方两侧刻卷草纹。门东西两侧各雕一尊与门同高的立佛像，站于莲花和莲梗上（图183—185）。东侧的立佛背光上，有一个未完成的后代刻凿的小龛。

东壁 佛龛的北部残损较甚，佛的衣裙垂覆于龛壁。菩萨、弟子像已被凿去。这身菩萨的上半身已流入日本，藏于国立京都博物馆㉙。南侧尚存1菩萨像。龛楣刻忍冬纹，龛楣上端南侧刻1飞天，飞天下刻莲花化佛等，最下刻托山力士像。因而推知龛的北侧大致应和南侧同，唯北侧下部和南侧托山力士相应处刻莲花和莲实。佛龛下的壁脚尚存比丘浮雕1身。

西壁 基本和东壁同，除龛内北侧的菩萨像已流散于美国，现藏波斯顿哈佛大学福格艺术博物馆，及佛像的面部被凿坏外，其它诸像保存尚完整（图187、188）。佛龛下的壁脚两侧刻2身比丘，南侧刻题名"比丘僧惠兴"（图194），北侧刻题名"比丘僧惠嵩"（图195）。龛楣刻火焰纹，龛楣两侧和龛两侧均刻飞天（图189、190），忍冬纹和莲花化生（图191）。底部刻2身托山力士像（图193）。

北壁 佛龛龛楣和两侧刻帐幔，龛楣上有唐代雕刻的5小龛（图25，200—203）。龛内佛像左右两侧的菩萨和弟子像间又有后代唐刻的4小龛（图196、198），从而破坏了北魏这个主龛龛壁的原貌。龛缘两柱下，各刻一躯托山力士像。佛座旁侧两个姿态不同的狮子（图197、199）。

窟内地面刻有与藻井中央相应的图案（图205），花饰保存得比较完好。

窟外的东西两侧和窟门上方，也刻有大小不同的许多小龛，其中以门顶的三个北魏小龛较大。窟门西侧雕有一个佛塔，共9级，高0.81米，下3级为楼阁式，每级内刻一佛龛和一小坐佛，塔下为一莲花座（图242）。此为巩县石窟寺中仅有的一座石塔浮雕。在窟外的小龛中，也有一些题记，其中能辨认出年代者有：227龛下的北魏普泰元年佛弟子□造像记（石刻录2），这是目前巩县石窟寺现存的年代最早的石刻题记。250龛下的东魏天平二年僧更造像记（石刻录4）。196龛下的天平三年佛弟子□造像记（石刻录8）。171

龛下的唐代乾封二年苏冲生造像记（石刻录105）、220龛下乾封三年赵娈造像记（石刻录112）、211龛右侧总章元年卢赞府造像记（石刻录116）、215龛左侧总章元年李光嗣妻王氏造像记（石刻录117）、116龛右总章二年田□瓒妻造像记（石刻录121）、174龛上总章二年魏师妻张氏造像记（石刻录119）。168龛左咸亨元年种行高妻朱氏造像记（石刻录126）、106龛右咸亨三年魏师德妻田氏造像记（石刻录141）等。

另外，在门道的西侧壁上也刻有小佛龛15座（图244、245）。西侧的185龛右刻唐代乾封三年的龛一个㉚（图244）。东侧有189龛左西魏大统二年佛龛一个㉛。196龛下刻东魏天平三年的佛龛一个㉜（图247）。

㉙ 大阪市立美术馆：《六朝の美术》图42。因巩县石窟寺各窟造像凿毁甚多，一时尚难查明它们的准确位置。
㉚ 石刻录110〈佛弟子种玄□妻造像记〉。
㉛ 石刻录13〈比丘道□造像记〉。
㉜ 石刻录8〈清信士□造像记〉。

千佛龛

千佛龛位于石窟群最东边，系唐代乾封年间所凿（666—668）。历来都把它称为"千佛洞"，但实际上是一个大龛（图29、251）。龛额作圆拱形，高1.5米，宽2.12米。洞的后壁平直，除中间刻一较大的优填王像（图252）外，其下刻有乾封年间比丘僧思察造像记（石刻录114）。后壁及两侧壁满壁刻有排列整齐的小佛龛，共计999个，加上中央的优填王像，恰为一千尊。

在龛两侧的外壁，有四个竖长方形龛，内各刻1身菩萨像；洞口两侧角又各雕天王像1躯（图253、254）。

洞外东侧壁有小佛龛9个（图255），其中237龛刻有唐代乾封二年严妻马氏造像记（石刻录104）；238龛下有乾封年间韩万迪造像记（石刻录113）。

近年来在巩县石窟寺附近发现北魏时期的佛头像3件，头部缺佚的菩萨像躯体3身，菩萨头像2件，北朝晚期的菩萨头像1件。这些圆雕佛像中，以1973年夏从大力山腰被雨水冲下来的中型石佛胸像最为重要。佛头雕有螺髻，前额微方，颐下略圆，闭目瞑思，嘴角微露笑容，长耳下垂，细长颈，身著通肩大衣，衣纹作阶梯状。残高0.99米（插图1）。另一佛头像较小，面部的神态与上述佛头像有较多相似的地方，只是头顶刻有肉髻，已残。前额上的头发由中部分开。残高0.27米（插图2）。还有一尊佛的头像，与上述头像类似，残高0.26米（插图3）。菩萨的头像与巩县第1窟北壁第1龛西侧的相同，残高0.39米（插图4）。菩萨身躯残部的姿态和衣纹以及X形帔巾也和第1窟的相同，但皆比窟内菩萨像的身材略高，最高的1.02、最低的约0.99米（插图5、6）。还有一件是北朝晚期的石雕菩萨头像，头戴高花冠，上有并列的三个圆形装饰，其下刻作莲瓣形，下部刻成环带状，中央有圆形饰物。残高0.41米（插图7）。此像面部瘦长，不似北魏菩萨的风格。这些作品很可能是窟前木构建筑中所供奉的个体造像。

除了北魏和个别的北朝晚期造像外，还发现了3身唐代雕刻的优填王像，其中最早的是显庆五年（660）八月二日韩万迪（上官绍施石）造像。此像残高0.89、宽0.96、厚0.39厘米。舍利佛头部已残，通体磨光，右袒，跣足，坐在束腰须弥座上。佛像背后的石屏上雕骑狮菩萨像，狮头上刻苍龙，龙首上刻释迦。狮子下部刻力士，其头顶上方刻莲花。优填王像的背面，刻有造像题记（插图8，石刻录60）。另一尊优填王像残破甚烈，已看不清坐佛的形像，残高0.68、宽0.65米，系唐代咸亨元年比丘法祥造像（石刻录137）。还有一尊为大理石质，残破亦烈，高0.60米，石雕光滑，衣纹流畅，坐于束腰须弥座上。优填王像在洛阳龙门石窟的唐代造像中，经常见到，而巩县石窟寺千佛龛中部仅见一例。上述个体造像和千佛龛中的优填王像皆与龙门石窟敬善寺的艺术形象相同，造像的年代相近。

在这里还发现一件阿弥陀佛造像碑（插图9），高0.47、宽0.38、厚0.13米。碑身凿有大龛，龛内刻一佛、二弟子、二菩萨像，佛头顶处雕菩提树，佛坐于仰覆莲座上。龛下刻对狮，其两侧各刻供养人4身，下刻力士2身。力士之间刻唐文明元年白仁轨造像记（石刻录150）。还有一件造像碑（插图10），高0.73、宽0.45、厚0.19米，刻一佛、二弟子、二菩萨像，龛下刻双狮和供养人2身。无纪年题记。从它的艺术风格推断当为盛唐时期的作品。

在巩县石窟寺大殿前檐下，保存一件石刻残石，横剖面呈长方形，两端皆残，高仅0.50、宽0.58、厚0.30米。正面雕一佛、二弟子、二菩萨像，题记漫漶。右侧也有一小龛，但仅存对狮，刻有题记。这件石刻正面有两个龛，题记尚保存一部分字迹，系文林郎□守尉卢招造像记（石刻录233）。文林郎之职曾见于龙门石刻题记中。清代陆蔚庭的稿本：《龙门造像目录》中有"洛阳县武骑尉文林郎曩君协造像，显庆四年二月八日，正书"[33]。再参照我们的这件石刻题记中所说的"……卢招为颂图塑其像，示万□□，求多福行，……欲设□像，□示往来成像，以见其久，崇构于□以大云寺二年□大云寺□神□名迹，而为农为商，其地也闲之漂流何定，有邑民马□□，无以安也，乃厚以金赎□□□经堂俄成，殿宇□窈窕……"可以看出，这件石刻是唐天授元年之翌年（691）刻制的。

关于巩县石窟寺的兴废史，从该寺遗存的石刻文字资料中可以看出一个梗概。

巩县石窟寺的最兴盛时期，正是第1至第4窟开凿营建的时期。据119龛下唐代龙朔年间镌刻的《后魏孝文帝故希玄寺之碑》文说："昔孝文帝发迹金山，途遥玉塞，弯柘孤而望月，控骥马以追风，电转伊瀍，云飞巩洛，爰止斯地，创建伽蓝。"（石刻录72）明确地指出希玄寺是北魏孝文帝元宏（471—499）所建的。唐代《重建净土寺碑》文说："后魏宣武帝以巩邑为水陆要衡，舟……刘澄于洛水之北，限山之阳，土木之制非固，……周建德六年废（废），至大唐天授元年……隳其莲宫基址籍没于官，其僧……木并兴，其功近逾，率……后惠施者兴……"（石刻录79）。此碑碑身下半段已缺佚，碑文不可句读。但从其意中可以推知巩县石

窟寺的开凿，也有可能在北魏宣武帝元恪当政时期，即公元500—515年间。陈明达国师曾推定：第1窟约开始于熙平二年（517）完成于正光四年（523）；第3、4窟开始于熙平二年或稍后，完成于孝昌末年（528）。第5窟于永安二年（529）以后陆续雕造，其最后雕刻，也不晚于东魏天象二年（539）[34]。这里所推断的开窟年代与唐《重建净土寺碑》文中所说的后魏宣武帝时期非常相近。因此这一段时间是巩县石窟寺最昌盛的时期。

北朝晚期，由于战争频仍，公元534年，元善见为高欢立为皇帝，迁都邺城。因此巩县石窟寺由于政治中心的转移，再不见开凿大窟。在这个时期仅见窟外摩崖和第4窟门东壁所雕刻的东魏、西魏和北齐的小龛。这些小龛多有造像题记，有利于研究这一时期造像的特征。从巩县已佚的石刻题记中，可以看出北朝造像题记中年代最晚的是天统七年（571）造像记[35]，但史实是北齐天统五年后即行改元武平，假如不是有关著录发生讹误，那末，就是由于巩县石窟寺的地理位置偏僻，改元两年之后，居民仍在延用天统年号。此后直至唐显庆五年（660）八月才开始有人在这里造优填王像[36]。两者相距88年之久，很少人在这里凿龛造像。

唐龙朔年间刻的希玄寺碑文中说："随季版荡，法侣流离，廊宇荒虎（芜），栋梁斯坏，禅庭阒寂，无闻梵响之声，簨虡摧残，岂觌和庸之奏。……"正指的是这个兵燹时期巩县石窟寺廊宇殿堂凋敝的破败景象。

这座寺院再次走向兴盛的时期，约在龙朔年间。希玄寺碑文说："时有近寺者德揔廿六人等，……遂罄家珍，饰构灵刹，……故敬造阿弥陀像一窟（指119龛的佛像），粤以大唐龙朔二年□月八日雕镂毕……"。龙朔年间，居住在巩县石窟寺附近的廿六位佛教徒，在此开凿了一些小龛，修葺了窟前的殿堂，大概是真实的。第4窟门外摩崖上的119龛右侧，现在还保留着左、右像主王才和张孝卿等廿五人的题名[37]（右像主中的最末一名姓名漫漶，故不足廿六名），可以证实这次凿龛造像和修葺窟前木构建筑的事迹不是虚构的。由此可见，119龛的雕制和龛下希玄寺碑的镌刻都是他们捐资施工的。

龙朔二年的修葺此寺的事迹，亦可从唐代重修净土寺碑文中得到一些信息。这通碑已缺佚下半段，碑文难以句读，碑名既名"重建净土寺碑"，可见施工规模较大。从其中的"□木并兴，其功近逾……"等字句中可以看出修建土木工程确有其事。此碑碑侧所刻碑主名单中有雍子华，其名字见于本书石刻录78；碑主种士达，疑即石刻录99的"种士达"。据此知此碑的刻制年代约当龙朔三年至乾封二年的四、五间。巩县石窟窟外唐代开凿的许多小龛，虽然规模皆不算大，但多刻有造像记，几乎可以编年，其中以龙朔至乾封年间的最多。这些材料都可以证明龙朔年间及其稍晚的年月，巩县石窟寺有一个比较繁荣的时期。

五代时期不见有人在这里造像。但在大殿前檐下的唐开元石幢上刻有后汉乾祐年初岁（948）穆罗兄弟等重立石幢题名[38]。直到北宋皇祐四年（1052）后，再次进行修葺，同时"营前后僧堂并厨二十八间，续建法堂及步廊揔二百间，□

1 北魏佛像胸部　残高0.99米

2 北魏佛像头部　残高0.27米

3 北魏佛像头部　残高0.26米

4 北魏菩萨像头部　残高0.39米

5 北魏菩萨像身部　二躯

6 北魏菩萨像身部

7 北魏菩萨像头部　残高0.41米

8 唐韩万迪造优填王像身部　残高0.89米

9 唐白仁𪥬造像碑　高约0.47米

10 唐造像碑　高约0.73米

□法藏,中央寅金,装斿檀瑞像一躯,……修罗汉洞四十二间,五百应真分处岩岫。"㉝1963年出版的《巩县石窟寺》一书中第1、4窟中心柱主龛本尊表面的泥塑就是此时塑制,明代成化至弘治七年重新粉妆的,同时还建立窟前的大雄殿。此后,清人曾多次进行小型修葺,并重建了大殿。到了解放前夕,此寺已破败不堪了。

在我国佛教史上,曾经历过"三武一宗"的灭佛事件。北魏太武帝太平真君七年至十三年(446—452)的灭佛活动时,希玄寺尚未创建,此一事件与其无关。其它三次灭佛事件都有可能波及巩县石窟寺。北周武帝建德三年至七年(574—578)的灭佛活动,从唐代重建净土寺碑文中记载有:"建德六年癈(废)",明确指出该寺曾遭到废弃,故此予以重建。上述北魏时期残缺不全的佛像,其尺寸大小,无一能与各窟内外残缺的佛像拼接复原,证明它们不属于石窟寺供奉,而有可能属于那些被毁了的殿堂中所供奉的个体造像。希玄寺碑文中所说的"廊宇荒庑(芜),栋梁斯坏"的景象,有可能是这次灭佛事件的反映。

唐武宗会昌五年至大中二年(845—848)的灭佛活动,比以前两次更为激烈。会昌四年,武宗曾"下令毁拆天下山房兰若、普通佛堂义井、村邑斋堂,未满二百间不入寺额者其僧尼等尽勒还俗。是役长安城坊佛堂亦毁三百余所,天下无数。同时天下尊胜石幢僧墓塔皆令拆毁"。㊵"(会昌五年)秋七月庚子,敕并省天下佛寺,……上都、下都每街留寺两所,寺留僧三十人"㊶。巩县石窟寺地近东都洛阳,在毁佛事件中可能首当其冲。上述三尊优填王像、白仁轨造像碑和重立的开元石幢,都有可能是这次毁佛事件中遭到破坏的。当然上述的北魏残破佛像也有可能再遭一次破坏。

至于后周世宗显德年间(公元954—959年)的毁佛活动,目前在巩县石窟寺里尚未找到遭受破坏的实物证据。

尽管建德、会昌两次毁佛事件中巩县石窟寺遭受摧残,寺内木构建筑也遭到破坏,但由于目前这五座石窟窟外地面被洛河泥沙所淤埋,高出窟内地平面约1.4米左右,可以设想窟前的北魏至宋代的木构建筑基址,仍应保留在淤土层下。若今后能在窟前地面从事考古发掘,或许可以揭露出宋、唐、北魏时期殿堂遗迹,也有发现北魏和唐代造像和碑碣资料的希望,这将对巩县石窟寺的研究是大有裨益的。

㉝ 《文物》1961年4、5期94页。
㉞ 详见本卷《巩县石窟寺的雕凿年代及特点》一文。
㉟ 石刻录57《石窟造像记》。
㊱ 石刻录60《韩万迪造优填王像颂》。
㊲ 石刻录73。
㊳ 石刻录181《净土寺开元石幢题名》。
㊴ 同注②石刻录185。
㊵ 范文澜:《唐代佛教》〔附〕《隋唐五代佛教大事年表》会昌四年条所引《入唐求法巡礼记》,人民出版社1979年版,第268页。
㊶ 《旧唐书》卷18上《武宗纪》,参见《旧唐书》卷43《职官志》、《唐会要》47。

巩县石窟寺编年表

贾 峨 辑

东汉 —魏晋	约三世纪初一五世纪	巩县大力山岩壁上，距第1窟西约25米处，东汉末至魏晋时期镌刻画像及七言诗一首。这是已发现的石窟寺在开凿前大力山上最早的摩崖石刻（《考古》1977年第4期：傅永魁《河南巩县石窟的新发现》）。
北魏	和平元年（460）庚子	云冈石窟开凿。
	太和十八年（494）甲戌	孝文帝从平城迁都洛阳。
	太和二十年（496）丙子	孝文帝实行汉化政策。
	延兴元年（471）辛亥	孝文帝创建希玄寺（见石刻录72）。
	一太和二十三年（499） 一己卯	
	景明元年（500）庚辰	龙门石窟开凿。
	景明元年（500）庚辰	"自后魏宣帝景明之间，凿石为窟，刻佛千万像，世无能烛其数者焉。"（石刻录
东魏	一四年（503）一癸未	194）据此，巩县石窟寺可能开始兴凿。
	普泰元年（931）辛亥	第5窟外壁开始造像（石刻录1—3）。
	天平二年（535）乙卯	第5窟外壁东侧僧更作造像龛（第205龛），下为题记（石刻录4、5）。
	天平三年（536）丙辰	幽州北平人杨大昇、佛弟子□、清信士佛弟子□在第5窟外壁东侧作造像龛（第190龛、196龛和197龛），赵胜荣在第2、3窟间崖壁上造像一躯（第299、300龛）（石刻录题记6—10）。
西魏	天平四年（537）丁巳	惠庆在第4窟东侧为亡弟僧贤造释迦像一躯（石刻录题记11）。
	大统二年（536）丙辰	第5窟窟门内东侧，比丘道□作造像龛，即今第189龛（石刻录12）。
	大统四年（538）戊午	魏文暴在第3窟外壁、比丘僧惠在第1窟大像龛东侧作造像龛，即今第310龛、98龛（石刻录题记14—15）。
北齐	天保二年（551）辛未	崔宝先等人在石窟寺外壁作造像龛共十一个（石刻题记18—29）。
	天保四年（553）癸酉	□□平在第3窟右侧作造像龛，即今第308龛（石刻录32）。
	天保七年（556）丙子	比丘法□等在第1窟外壁作造像龛二个（石刻录33—34）。
	天保八（557）丁丑	梁弼等人在第1窟窟门东侧作造像龛二个，即今第38、39龛（石刻录题记35、36）。
	天保九年（558）戊寅	比丘道邕在第1窟窟门东侧作造像龛，即今第37龛（石刻录37）。
	河清二年（563）癸未	比丘法枰等人在石窟寺外壁凿龛造像，即今之第257龛、34龛（石刻录41、42）。
	河清三年（564）甲申	比丘法湛在石窟寺外壁作造像龛，即第275龛（石刻录题记45）。
	天统元年（565）乙酉	佛弟子□在石窟寺外壁作造像龛，即第263龛（石刻录题记48）。
	天统二年（566）丙戌	比丘道敬等在石窟寺外壁作造像龛六个（石刻录49—54）。
	天统四年（568）戊子	魏显明在石窟寺外壁作造像龛（石刻录55）。
北周		第1窟中心柱北面主龛两侧，刻有北周人题记（见石刻录58、59）。
唐	显庆五年（660）庚申	韩万迪造优填王像一躯（石刻录60）。
	龙朔元年（661）辛酉	杨元轨妻王氏在第5窟东侧作造像龛，今为219龛（石刻录题记62）。
	龙朔二年（662）壬戌	种海云王氏等在石窟寺外壁及第2窟中心柱南面作造像龛九个（石刻录63—71）。
		另外，在第4窟东侧金刚像左上方，作阿弥陀像一躯，即今第119龛。下为"后魏孝文帝故希玄寺之碑"（石刻录72）。
	龙朔三年（663）癸亥	比丘僧法枰等在第2窟中心柱南面、石窟寺外壁作造像龛五个（石刻录题记74—78）。
	麟德二年（665）乙丑	孙奉义等人在第4窟东侧等处作造像龛九个（石刻录84—92）。
	乾封元年（666）丙寅	刘孝男母王氏在石窟寺外壁作造像龛八个（石刻录93—100）。
	龙朔三年至乾封元年 （663—666）	重建净土寺（石刻录79）。
	乾封二年（667）丁卯	张士妻等人在石窟寺外壁及第2窟西壁作造像龛六个（石刻录101—106）。
	乾封三年（668）戊辰	元大娘等在第5窟外壁作造像龛三个（石刻录109、110，112）。
	总章元年（668）戊辰	卢赞府等人在第5窟外壁作造像龛三个（石刻录116—118）。
	总章二年（669）己巳	魏师妻张氏等人在第5、及第4窟外壁作造像龛，即今第174、116龛（石刻录题记119、121）。

	咸亨元年(670) 庚午	种行高妻朱氏等在石窟寺外壁及第2窟东西壁作造像龛七个，即今第168龛、14龛、13龛等（石刻录126，128，130—132，135，138）。另有比丘法祥造优填王像，现存寺前大殿内（石刻录137）。
	咸亨三年(672) 壬申	游怀德等人在第5窟北壁及第4窟外壁作造像龛二个（石刻录139，141）。
	咸亨四年(673) 癸酉	窦伏瑞等二人在第5窟北壁作造像龛二个（石刻录144、145）。
	仪凤二年(677) 丁丑	巩县令许思言等人在石窟寺外壁作造像龛（石刻录146—148）。
	永隆二年(681) 辛巳	巩县□尉女在第1窟外壁作造像龛（石刻录149）。
	文明元年(684) 甲申	白仁轨作阿弥陀石像一躯（石刻录150）。
	延载元年(694) 甲午	比丘僧道贞在第1窟外壁作造像龛（石刻录152）。
	元祀元年(700) 庚子	程基在第1窟外壁作造像龛，即今第50龛（石刻录158）。
	开元十九年(731)辛未	前左率府长史王元明立尊胜陀罗尼经幢（石刻录161）。
	贞元十八年(802)壬午	僧弟子冯景等人建大德演公塔，此塔已不存（石刻录163）。
	咸通八年(867) 丁亥	苏氏等在第1窟窟门内西侧作造像龛四个（石刻录166—169）。
	中和二年(882) 壬寅	在净土寺镌毗沙门天王像，三旬告成（石刻录172）。
五代 北宋	后唐长兴三年(932)壬辰	净土寺主僧思敬小师惠超立尊胜经幢（石刻录173）。
	太平兴国八年(983)癸未	宋人在第1窟西侧外壁作造像龛，即今第44龛（石刻录182）。
	皇祐四年(1052) 壬辰	营建前后僧堂、法堂、罗汉洞等（石刻录185）。
	嘉祐二年(1057) 丁酉	卫州获嘉县罗吉在第1窟西侧外壁作造像龛（石刻录183）。
	元丰七年(1084) 甲子	付僧宝月大师惠深刻石札文，现存寺殿前（石刻录184）。
	绍圣三年(1096) 丙子	立"宋西京巩县大力山十方净土寺住持宝月大师碑"（石刻录185）。
	熙宁六年(1073) 癸丑	宋神宗光献皇后赐铜钟二颗（石刻录186）。
	建中靖国元年(1101) 辛巳	宋直方书钟赞（石刻录186）。
金	大定十九年(1179)己亥	立巩令牛承直诗刻（石刻录187）。
	兴定五年(1221) 辛巳	立十方净土禅寺方丈遗轨（石刻录193）。
明	成化二十二年 (1486) 丙午	创建大雄殿，重妆古石佛（石刻录194）。
	弘治七年(1494) 甲寅	重修大力山石窟十方净土禅寺（石刻录194）。
	万历九年(1581) 辛巳	重修金妆合洞佛像（石刻录194）。
清	雍正十三年(1735)乙卯	重修大殿、钟鼓楼、配殿、山门等（石刻录题记195）。
现代	1953年	首都人民英雄纪念碑兴建委员会古代雕刻考察团曾去巩县实地考察（《文物参考资料》1955年第1期：温廷宽《我国北部的几处石窟艺术》）。
	1963年	河南省文化局文物工作队编《巩县石窟寺》一书出版。
	1973年	修葺巩县石窟寺。在修葺工作中，于第1窟中心柱东面主龛南侧泥塑下，发现有关法相宗的"不相应行法"等资料抄本，计佛教论文一篇、信函一件、佛经讲授提纲十六卷。这些抄本有"雍熙四年"、"辛卯十一月十六日"、"景德元年"等年号；有的加有"开宝寺"印信（《文物》1975年9期：文物简讯《河南巩县石窟寺发现北宋写本佛教文稿和经卷》）。这次修葺中，还剥落了北宋塑造、明粉妆的第1窟中心柱四面主龛、第4窟中心柱上层四龛内佛像表层泥塑，从而揭示出北魏雕像原貌。
	1977年	清除第2至第3窟之间的大力山崖前黄土层，发现北齐天保二年（公元551年）至天统四年（公元568年）造像龛40座（本书编号第244—283龛），残存造像题记21篇，以及唐龛4个（第284—287龛）。
	1979年	发现第1窟中心柱北面主龛两边有"上仪同昌国县开国侯郑毅赠开府陈州刺使息乾智侍仏时"和"毅妻成郡君侍仏时"题记。
	1980年	修建巩县石窟寺窟顶排水设施，填补第2窟东侧崖壁裂隙，修葺窟前大殿。在拆除第3、4窟窟门及岩壁砌砖时，发现东魏天平三年（公元537年）至唐乾封二年（公元667年）的造像龛40座（本书编号第288—327龛）以及东魏天平三年、西魏大统四年、北齐天保四年、天统二年、唐龙朔、麟德和乾封年号的题记28篇。

实 测 图

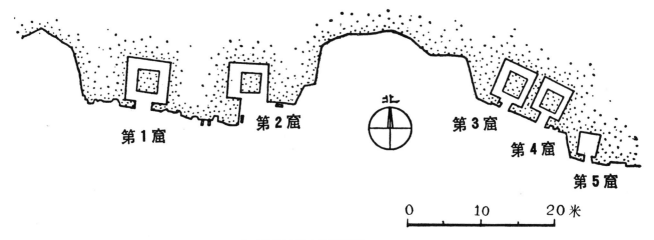

1 巩县石窟寺总平面图

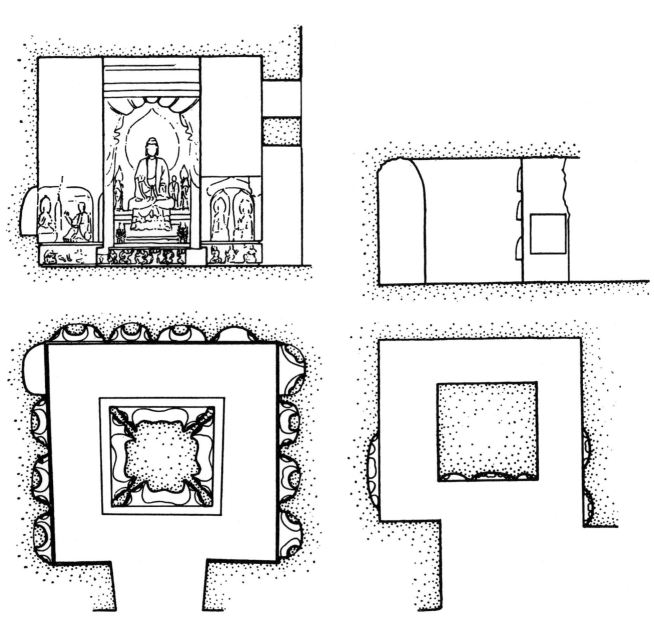

2 第1窟断面及平面图

3 第2窟断面及平面图

228

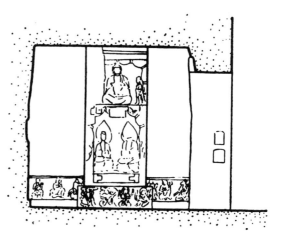

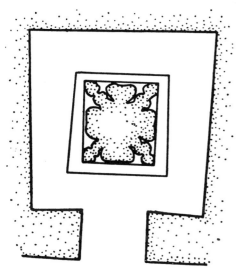

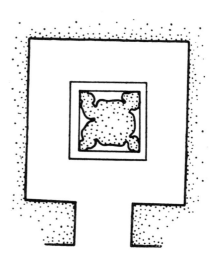

4 第3窟断面及平面图

5 第4窟断面及平面图

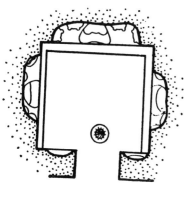

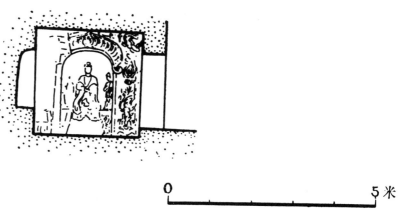

6 第5窟断面及平面图

0   5米

7　第1窟外壁及外壁小龛图

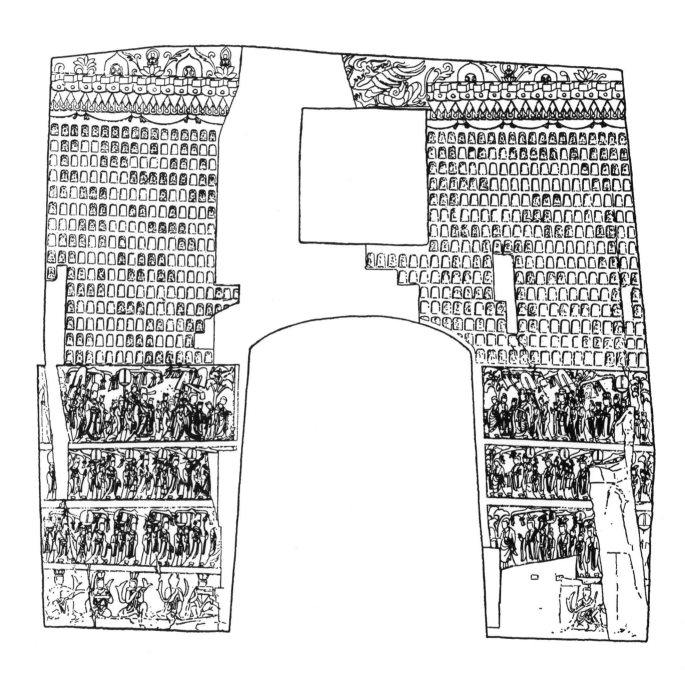

8 第1窟南壁图

9　第1窟东壁图

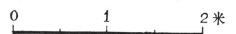

0　　　　　1　　　　　2米

10 第1窟西壁图

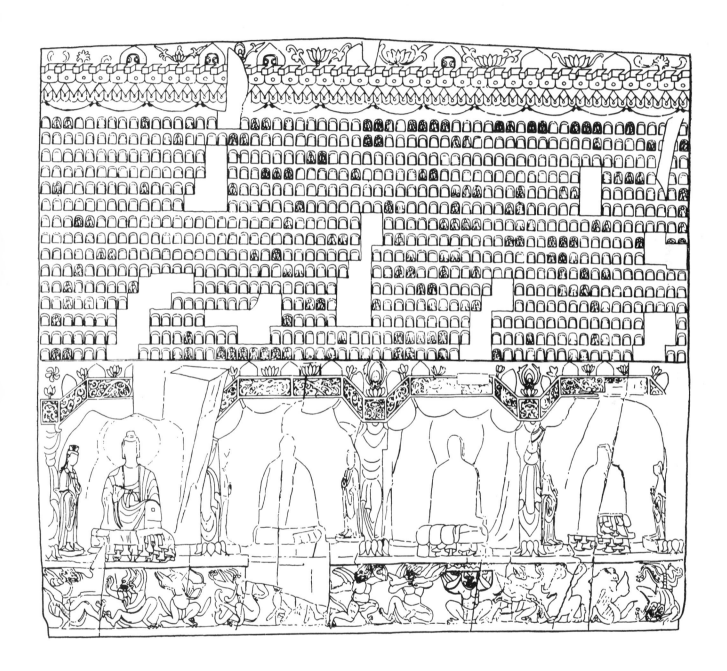

11 第1窟北壁图

0   1   2 米

东面　　　　　　　　　　　南面

12　第1窟中心柱东面及南面图

北面 西面

13 第1窟中心柱北面及西面图

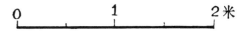

0　　　　　　1　　　　　　2米

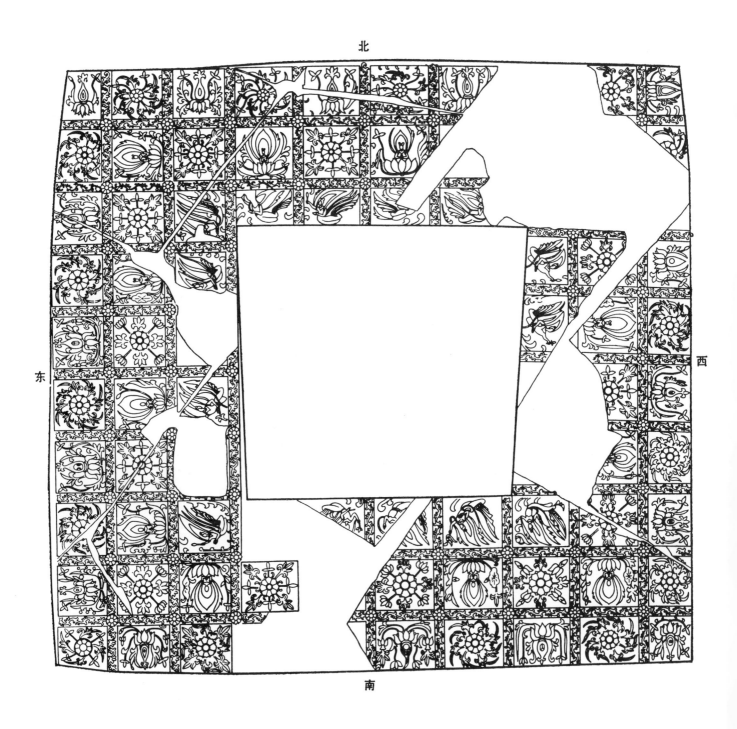

北

东

西

南

14 第1窟平棊图

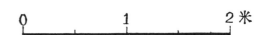

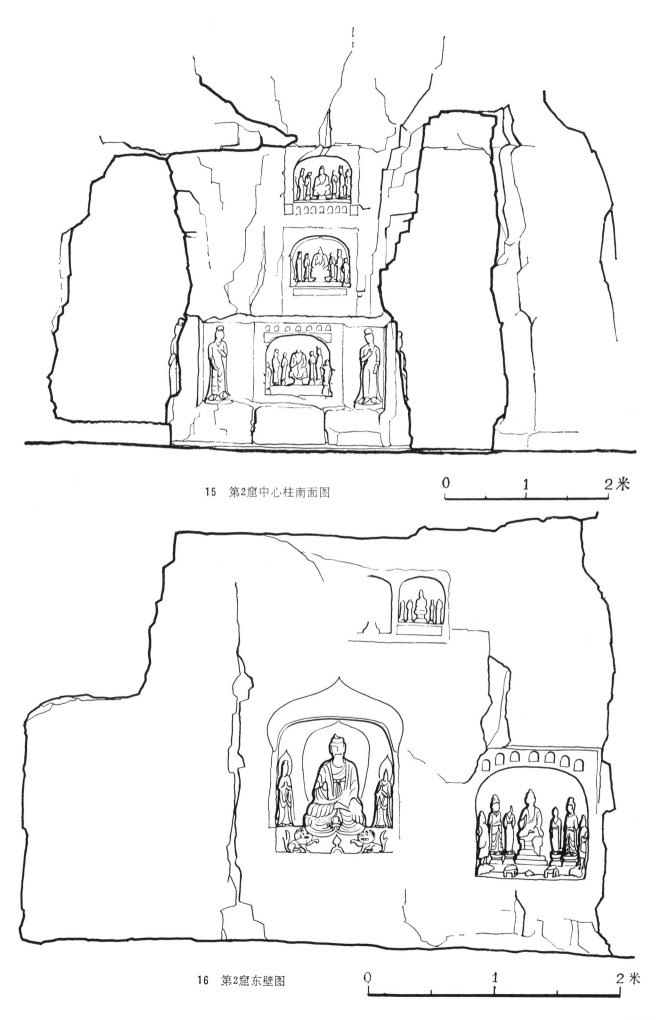

15　第2窟中心柱南面图

0　　　　1　　　　2米

16　第2窟东壁图

0　　　　1　　　　2米

17　第2窟西壁图

0　　　　　　　　　　　　　　　　　　　1米

18 第2、3窟间崖壁小龛图

0　　　　　　　　　　　　　　　　　　1米

19　第 3、4 窟外壁及外壁小龛图

第 4 窟

0　　　　2　　　　4 米

20　第3窟南壁图

21　第3窟东壁图

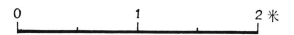
0　　　　　　1　　　　　2 米

22　第3窟西壁图

246

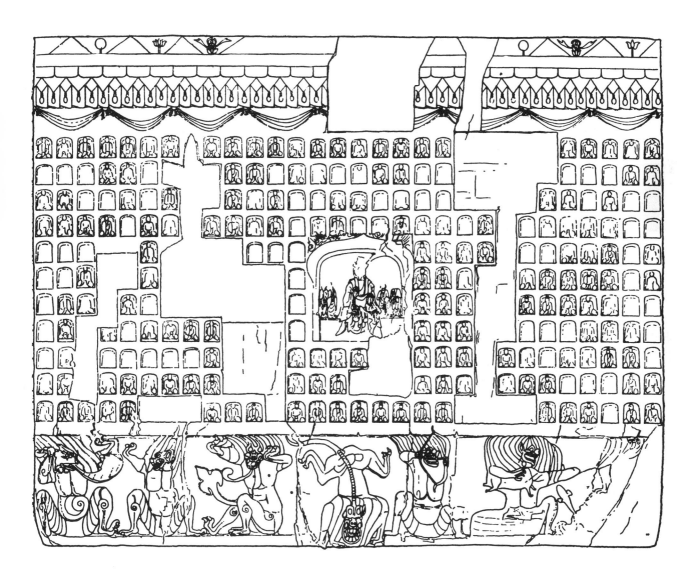

23　第3窟北壁图

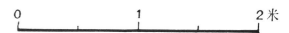

南面 东面

24 第3窟中心柱南面及东面图

北面 西面

25 第3窟中心柱北面及西面图

0　　　　　　　　1　　　　　　　2 米

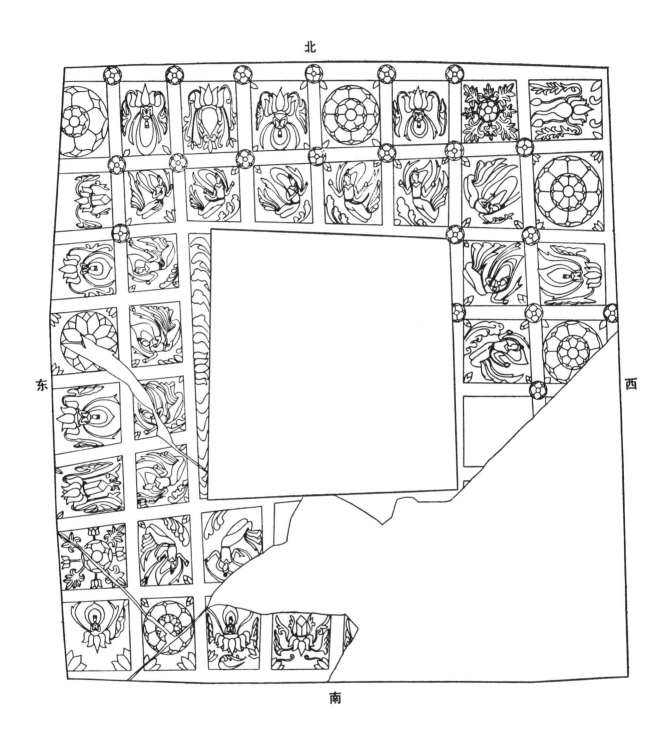

北

东

西

南

26 第3窟平綦图

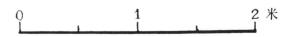

0　　　　　　　1　　　　　　2 米

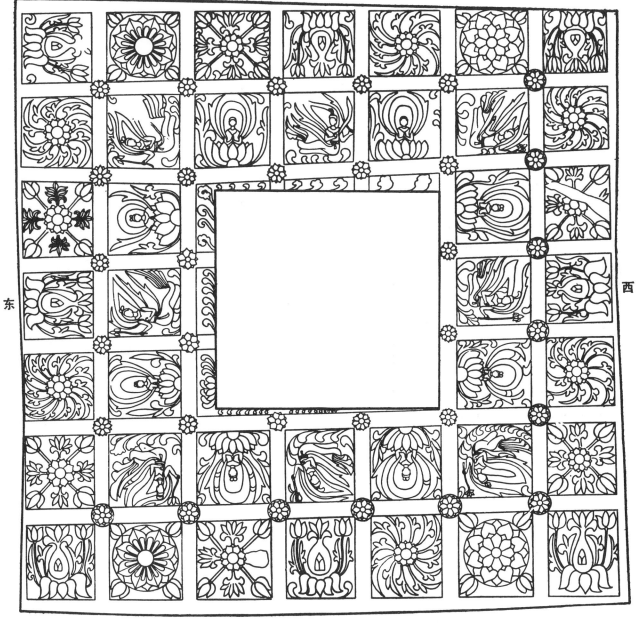

北

东

西

南

27 第4窟平棊图

0   1   2 米

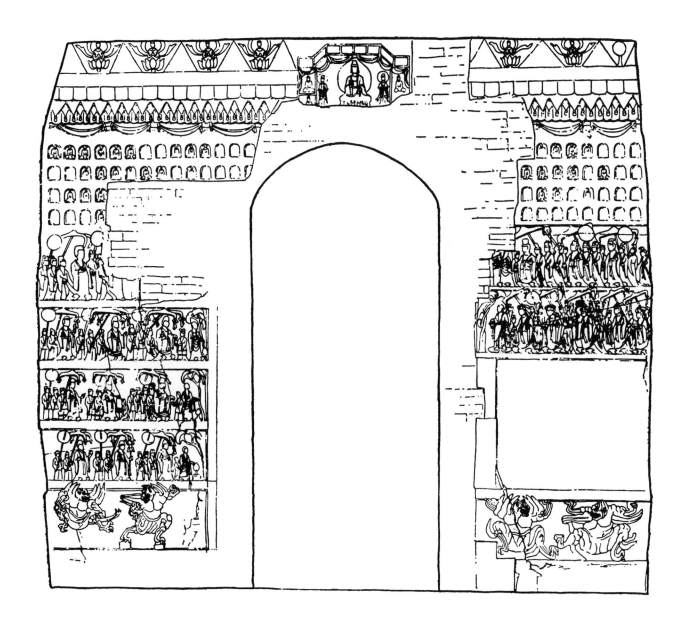

28 第4窟南壁图

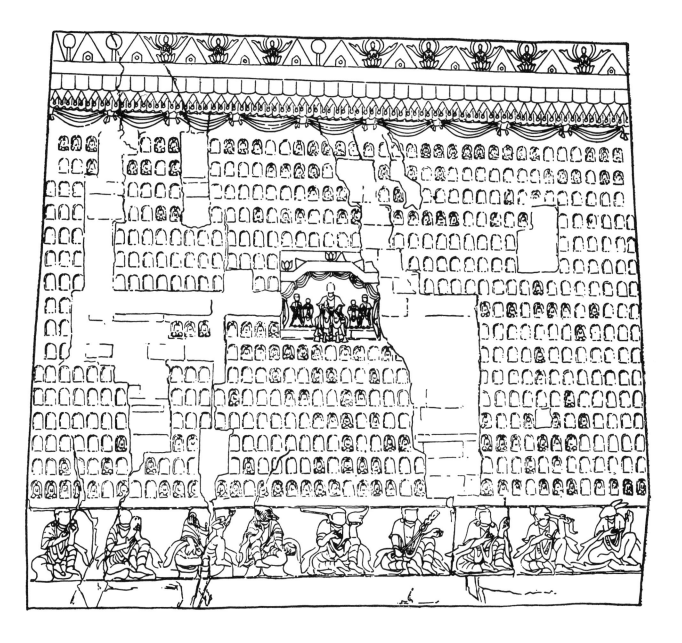

29　第4窟东壁图

0　　　　　　　　1　　　　　　　　2 米

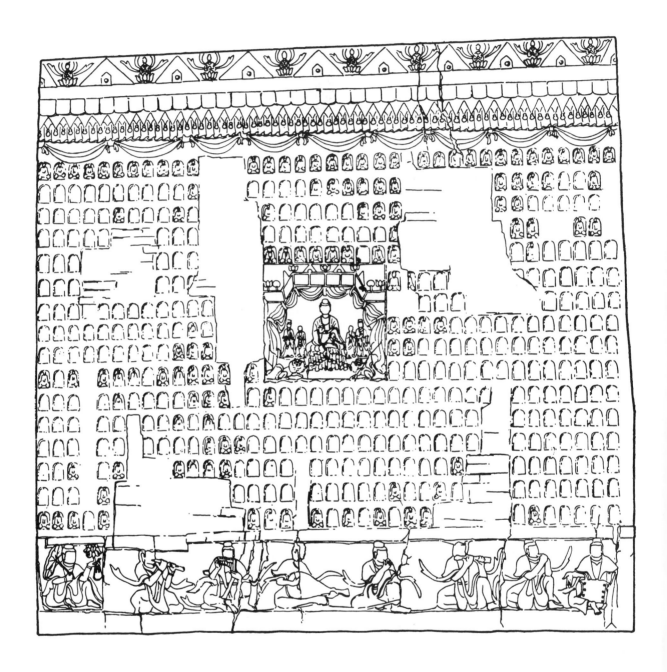

30　第4窟西壁图

31　第4窟北壁图

南面　　　　　　　　　　　　　　　东面

32　第4窟中心柱南面及东面图

北面　　　　　　　　　　　　　西面

33　第4窟中心柱北面及西面图

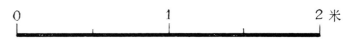

0　　　　　　　　　　1　　　　　　　　　2 米

34　第5窟外壁及外壁小龛图

千佛洞

0   1   2 米

南壁

北壁

东壁

西壁

35　第5窟四壁图

0　　　　　1　　　　2米

北

东

西

南

36　第5窟平棊图

0　　　　　　　　　　　　1米

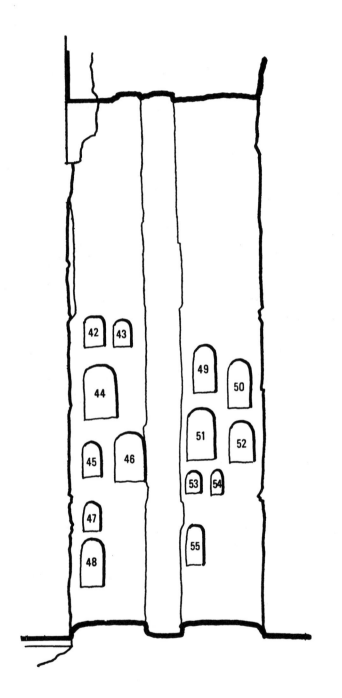

37 第1窟窟门西侧壁小龛图

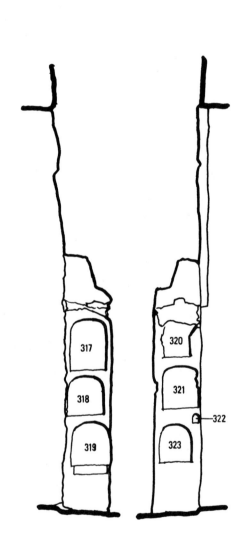

38 第4窟窟门西壁内外侧小龛图

39　第4窟窟门东侧壁小龛图　　　　　　　　40　第5窟窟门西侧壁小龛图

石 刻 录

贾　峨　张建中编

凡 例

- 巩县石窟寺石刻录分题记、拓片和索引三部分。题记为全部石刻录文,包括巩县石窟寺摩崖造像记、寺内碑刻及经幢等。拓片主要选择部分文字较清晰或重要内容的石刻拓片,供读者参考。为便于检索,书后附有石刻索引。

- 石刻录每条名称下有3项说明:(1)注有"存"字的,表示现在存在的,并注明其所在位置;注有"佚"字的,表示现已遗失的。(2)有纪年的石刻录,均注明其年号。(3)凡曾见于旧有记载的石刻题记,都在名称下注明所见著录的简称,如县志19—35,即《巩县志》卷19第35页。

- 石刻录的编排均以中国历史朝代的先后为序,某一朝代中的年号又按其顺序排列。只有年号而没有具体年代的,排在同一年号之后。年号及年代不明的,另立"年代不明"一栏,排在最后。

- 石刻题记的回行,录文以"⌐"为标记;题记中原有的空位,则空二至数字以示区别。录文中的缺字或不能辨识的字,用□代替;不能肯定的字,外加□表示;连续断缺或整行缺字的,用……标记。

- 旧著录的作者、书名、略称列表如下:

著者	书 名	略称
刘莲青	巩县志(民国廿六年经川图书馆刊本)	县志
孙贯文	北京大学图书馆藏金石拓片草目(三国—南北朝)	草目南北朝
孙贯文	北京大学图书馆藏金石拓片草目(唐代石刻)	草目唐刻
顾燮光	梦碧簃石言	石言
吴式芬	攈古录	攈录
孙星衍	寰宇访碑录	碑录
吴式芬	金石汇目	汇
缪荃荪	艺风堂金石文字目	艺
黄叔徼	中州金石考	中考
杨铎	中州金石目录	中目
毕沅	中州金石记	中记
陆增祥	八瓊室金石补正	瓊
洪颐煊	平津读碑记	平
武亿	金石二跋	二跋
赵魏	竹崦盫金石目	竹
黄立猷	石刻名汇	名

北　魏

1　蘇氏造釋迦像

（1）　佚
（2）　普泰元年四月□日　公元 531 年
（3）　草目南北朝 105　攈録 6－18　彙 9 補遺－34

2　佛弟子□造像記

（1）　存　第 227 龕下　拓片 1
（2）　普泰元年八月八日　公元 531 年
（3）　縣志 19－35　石言 4－14　碑録 2－32

普泰元年八月八日清」信士佛弟子□□□王」英……
造釋迦像一區願四大」□□□□□朗悟生□」……

〔校注〕《縣志》卷 19 第 35 頁朗悟生後爲"之處作善知識
觀佛法門得見蓮迹□及法界所願如是"今已脱落無存。

3　比丘法雲造像記

（1）　佚
（2）　普泰元年　公元 531 年
（3）　縣志 19－45　草目南北朝 105 石言 4－14　攈
録6－18　彙9之4－12

普泰元年歲次」□□比丘法雲」爲亡父母捨」安養佛
國」勒現在眷」安行吉士」□玲厄必」□　□　人
三」……

東　魏、西　魏

4　僧更造像記

（1）　存　第 205 龕下
（2）　天平二年五月十二日　公元 535 年
（3）　縣志 19－34　草目南北朝133 石言 4－14　攈録6－
21　彙9之4－12

天平二年五月十二日」僧更爲亡□□」造像一區願」
神昇妙□□□□□」法界□□□同沾此益

〔校注〕《縣志》卷 19 第 34 頁 1 行後空 2 字經實際查對
無此空字；4 行第 3 字後爲"樂現存安□"，今已不可辨識；
5行第 3 字爲"有"字，今已不存。

5　僧達造像

（1）　佚
（2）　天平二年五月　公元 535 年
（3）　攈録 6－21

6　楊大昇造像記

（1）　存　第 190 龕上　拓片4
（2）　天平三年三月三日　公元 536 年
（3）　縣志 19－40　草目南北朝 135　石言 4－9,11, 12
攈録 6－22　碑録 2－35　彙 9 之 4－12

天平三年歲在丙辰三」月壬寅朔三日甲辰幽」州北平
人楊大昇□□」比丘爲□等造觀世音」一區二菩薩□
□願爲」一切邊地終生九□上」　爲忘父母弟妹妻子
眷」屬并身願忘者託生西」方妙洛国土現在得富」灾
永消除業鄆永盡願」爲知識終緣等□□」□□□同道

〔校注〕《石言》卷 4 第 9 頁第 6 行第 3 字作"邊"，第 9 行無
第 9 字，第 10 行第 6 字行"彰"，第 11 行第 1 字"身"作
"善"。

7　趙勝榮造像記

（1）　存　第 299、300 龕下　拓片 7
（2）　天平三年中　公元 536 年

天平三年中」趙勝榮凧」身家平安敬」造像一區凧
一切衆生普」閻斯福

8　佛弟子□造像記

（1）　存　第 196 龕下　拓片 5
（2）　天平三年四月十五　公元 536
（3）　縣志19－34　石言4－14,9　攈録6－22　碑録2－36

天平三年丙……」四月十五日清信」士……」□□亡
父母造」□□□□□父」……

9　清信士佛弟子□造像記

（1）　存　第 197 龕下　拓片 6
（2）　天平三年四月十五日　公元 536 年
（3）　縣志 19－34　草目南北朝 135　石言 4－14　攈録
6－22 碑録 2－36

天平三年歲次丙辰四月」十五日清信士佛弟子」□□
□□□□爲亡父造」像一區願亡父前」□□亡□生西
方」□□之……
……

10　鞏縣尉妻造像記

（1）　佚
（2）　天平三年　公元 536 年
（3）　縣志 19－24

衆生一□岁」天平三年□□□□」張七□□□」曰貴
子鞏縣□□□□」尉妻爲□」父敬造阿□□□□」像
一……

11　惠慶造像記

(1)　存　第130龕下　拓片8
(2)　天平四年九月五日　公元537年

天平四年九月五日惠慶」爲亡弟僧賢造釋迦」像一區
亡者生□解脱現在安」隱令見諸佛隍□尚在□」一切
内外眷屬蒙佛普及」法界衆生速成佛道

12　比丘寶□造像記

(1)　存　第32龕下
(2)　囜平六年□田六日　公元539年(?)

囜平六年」□田六日」比丘寶」□爲已」身造觀」世
音一區
……

13　比丘道□造像記

(1)　存　第189龕左
(2)　大統二年四月八日　公元536年
(3)　縣志19—39

大統二年四月八日比」丘道□爲亡母敬造」比丘僧靜
造像

14　魏文繢造像

(1)　存　第310龕下　拓片30
(2)　大統四年三月八日　公元538年

大統四年三月」八日佛弟子魏文」繢爲身病患願造
像」一區願百病永除衆耶(邪)殀散」上爲父母下爲妻
子養」屬並爲七囲衆生共成佛道

〔校注〕　此題記中的魏文繢與本書石刻録55中的魏文顯
疑係一人。"大統"亦疑係"天統"之誤。

15　比丘僧靜造像

(1)　佚
(2)　大統四年二月二十六日　公元538年
(3)　攈録6—19

16　比丘僧惠造像記

(1)　存　第98龕下
(2)　大統四年　公元538年
(3)　草目南北朝169　碑録2—33

大統四年……」比丘僧惠……」造釋迦像……」願使
亡灬……」浄土願……」……□有願……」忿明智惠
……」□□普及

〔校注〕　《縣志》無録,《草目南北朝》169頁爲"大統四年
四月十五日",今從年字,以下皆埋於地下。

268

17　石窟造像

(1)　佚
(2)　天保二年二月　公元551年
(3)　石言4—11

18　崔賓先造像記

(1)　存　第261龕左　拓片9
(2)　囜保二年三月三日　公元551年
(3)　縣志19—42　草目南北朝174　石言4—14　攈
録6—26　彙9之4—12

許昌郡中正督府長史
大齊囜保二年三月三日清河故人」崔賓先願造石像一
區今德成就」願托生西方妙洛國土供養諸佛及」願一
切衆生同獲此福願願從心……

〔校注〕　崔賓先,石言作崔賓元。

19　法定造像記

(1)　存　第260龕下　拓片10
(2)　天保二年三月九日　公元551年
(3)　縣志19—41　草目南北朝174　石言4—14　攈
録6—26

大齊天保二」年三月九日□」□法定造像」□□願所
生」□母□弟□」□先受願□□」恩明智惠願一」切
衆生同共此願

20　比丘僧道成造觀世音像記

(1)　存　第309龕下　拓片11
(2)　天保二年三月廿四日　公元551年

天保二年」三月廿四日」比丘道成」爲亡父母　敬造
觀世」音像一堀」願捨惡歸直」神非妙境□……一切
衆生□……

〔校注〕　"神非"當係"升飛"之誤。

21　比丘道成造像記

(1)　存　第154龕左　拓片12
(2)　天保二年三月二十六日　公元551年
(3)　碑録2—50

天保二年三月廿六日比丘□□」比丘道成

22 左宣等三人造像記

    （1）存　第 272、273 龕下　拓片 13
    （2）天保二年四月三日　公元 551 年
    （3）縣志 19—41　草目南北朝 174　石言 4—14　攈錄 6—26

天保二年四月」三日清河」□左宣□丙崔仲□弟」兄三人各迴」像一區願弟」子兄弟三人等」聰明智惠□」得人□又願」一切衆生」同此□□……

〔校注〕《草目南北朝》作"崔孝宣"，"孝"字係"左"字之誤。

23 魏季祥造像

    （1）佚
    （2）天保二年四月八日　公元 551 年
    （3）攈錄 6—26

24 比丘法訓造像記

    （1）存　第 281 龕下　拓片 14
    （2）天保二年四月八日　公元 551 年
    （3）縣志 19—40　草目南北朝 175　石言 4—14

天保二年四」月八日比丘法」訓爲身患」造像一堀願」患速得除□」永無更□因」此□福願與一」切衆生同獲私　慶願願從心

25 惠鳳造像記

    （1）存　第 271 龕下　拓片 15
    （2）天保二年四月十一日　公元 551 年
    （3）縣志 19—40　草目南北朝 175　攈錄 6—26　彙 9 之 4—12

天保二年」四月十一日惠」鳳爲身利」根故敬造」像一區願」弟子恩明」知慧又願」父母受尒迪」願□心……

26 沙彌道榮造像記

    （1）存　第 298 龕下　拓片 16
    （2）天保二年四月十五日　公元 551 年
    （3）縣志 19—41　石言 4—14　攈錄 6—26

天保」二年」四月」十五」日沙彌道榮造像一堀爲」亡父託生西方妙洛國土」願拾此形穢供養諸佛因」此之福願弟子恩明知惠」普及一切衆生共同此慶

27 比丘惠育造像記

    （1）存　第 279 龕下　拓片 17
    （2）天保二年四月二十八日　公元 551 年
    （3）縣志 19—42　草目南北朝 175

天保二年四」月廿八日比丘」惠育敬造」像一區爲忘」父母托生西」方妙洛國土得……

28 □國子造像記

    （1）存　第 278 龕下　拓片 18
    （2）天保二年六月二十二日　公元 551 年
    （3）縣志 19—42　草目南北朝 176

天保二」年六月廿」二日佛弟子」□國子造像」一區願己身聰」明知惠不遭」□難流利願」□□一切衆生」□□□□……

29 李奴造像記

    （1）存　第 279 龕下　拓片 19
    （2）天保二年六月二十三日　公元 551 年
    （3）縣志 19—41　草目南北朝 175　石言 4—14

天保二年」六月廿三日」清信士女」佛弟李奴」造像一區願」弟子早得」解脱憂苦」永永如是」……

30 石窟寺造像

    （1）佚
    （2）天保二年六月　公元 551 年
    （3）攈錄 6—26

31 比丘道琛造像

    （1）佚
    （2）天保三年七月十五日　公元 552 年
    （3）攈錄 6—26

32 □□平造像記

    （1）殘存　第 308 龕右
    （2）囙保四年三月十日　公元 553 年

囙保四年三月十日」□□□平爲身……像一區今□」……永除願□

33 比丘法□造像記

    （1）存　第 35 龕下　拓片 20
    （2）天保七年五月二十五日　公元 556 年
    （3）縣志 19—25　草目南北朝 184　石言 4—14

大齊天保七年五月廿五日」□丘法通敬造觀世音像一」□上爲師僧同學……」……一切□□同……

34 比丘□造像記

    （1）存　第 97 龕下
    （2）天保七年五月二十五日　公元 556 年
    （3）縣志 19—33　石言 4—14

大齊天保七年五月」廿五日比丘□□敬造」觀世音像
一區上爲七□」回緣所生眷屬□□

35 梁弼造像記

　　（1）　存　第38龕下　拓片21上
　　（2）　天保八年十二月二十五日　公元557年
　　（3）　縣志19—25

大齊天保八年十二月辛未」朔廿五日懷州武德郡人」
佛弟子梁弼前胄依將軍　攝徐男後加中□將軍行」□
□□□爲本州別」駕至廣州……
□之爲亡考造觀」世音像一區願使亡父」託生西方妙
樂国土後」爲阿孃兄弟姉妹家」□見存德福後爲国
王」帝王衆生具登彼岸

36 北齊造像記

　　（1）　存　第39龕右　拓片21右下
　　（2）　天保八年十二月　公元557年
　　（3）　縣志19—25

□□天保八年十二月辛未

〔校注〕《縣志》卷19第25頁將龕左1行"衛州獲嘉縣羅
吉嘉祐二年"録爲1條。查嘉祐爲宋仁宗年號，原録有誤。

37 比丘道邕造像記

　　（1）　存　第37龕下　拓片22
　　（2）　天保九年三月九日　公元558年
　　（3）　縣志19—25　攈録6—28

天保九年」三月九日比丘」道邕作」爲亡師造」像願
亡師」□□净土彌勒佛所」同州石匠武遇」河府石匠
□福

38 王明治造像

　　（1）　佚
　　（2）　天保九年六月十四日　公元558年
　　（3）　龕録6—28

39 周□□造像

　　（1）　佚
　　（2）　天保□年四月
　　（3）　攈録6—29

40 比丘靜化造像

　　（1）　佚
　　（2）　天保□年
　　（3）　攈録6—29

41 比丘法禪造像記

　　（1）　存　第257龕下　拓片23
　　（2）　河清二年八月十五日　公元563年
　　（3）　縣志19—42　石言4—14　攈録6—30　彙9之4—13

河清二年」八月十五日」比丘法禪」敬造觀」世音一
區」所願知身……

42 比丘道□造像記

　　（1）　存　第34龕左
　　（2）　河清二年十一月二十五日　公元563年

河清二年十一月廿十五」日比邱道□□敬造」觀世音
一堀□□□
……

43 王伏客造像

　　（1）　佚
　　（2）　河清三年三月十九日　公元564年
　　（3）　攈録6—30

44 石窟造像

　　（1）　佚
　　（2）　河清三年四月　公元564年
　　（3）　攈録6—30

45 比丘法湛造像記

　　（1）　存　第275龕下
　　（2）　河清三年　公元564年
　　（3）　縣志19—44　草目南北朝202

河清三年□□」比丘法湛上□□」□□邊地□□□」
生父母□□

46 朱伯瑿造像

　　（1）　佚
　　（2）　河清四年四月八日　公元565年
　　（3）　攈録6—30

47 比丘僧護造像

　　（1）　佚
　　（2）　天統元年三月三十日　公元565年
　　（3）　攈録6—30

48 佛弟子□造像記

　　（1）　存　第263龕下　拓片24
　　（2）　天統元年十月　公元565年
　　（3）　縣志19—43　草目南北朝207　石言4—14

天統元年十月」卅日清信士佛」弟子……

49　比丘道敬造像記

(1)　存　第268龕下　拓片25
(2)　天統二年二月七日　公元566年
(3)　縣志19—43　草目南北朝208　石言4—14　攈録6—31　彙9之4—13

天統二年」二月九日比」丘道敬」願造无」量壽□」一區所」如是……

50　比丘僧覆造像記

(1)　存　第248龕下　拓片26
(2)　天統二年二月十八日　公元566年
(3)　縣志19—43　草目南北朝208　石言4—14　攈録6—31　彙9之4—13

天統二年二月十八日」比丘僧覆敬」造觀世音」像一區顧」比□□」父母」一區

〔校注〕　造像主覆,《攈錄》作"護"。

51　比丘惠慶造像記

(1)　存　第251、252龕下　拓片27
(2)　天統二年三月十二日　公元566年
(3)　縣志19—43　草目南北朝208　石言4—14　攈錄6—31　彙9之4—13

天統二年三月」十二日比丘惠」慶爲己身」右□敬造」觀世音像」一區所願如」是

52　秋進和造像記

(1)　存　第253龕下
(2)　天統二年四月七日　公元566年
(3)　縣志19—44　草目南北朝209　石言4—14　彙9之4—13

天統二年」四月七日佛弟」子秋進和」爲亡息充仁」敬造觀世像一」區願亡息託生西」方恒爲善居……

53　比丘明藏造像記

(1)　存　第324龕下　拓片28
(2)　天統二年七月十九日　公元566年

天統二年七月十九日　旂爲皇帝目(國)内安寧」後及師僧父母己」身門徒普爲一」切衆生同昇常」堵比丘明藏敬」爲供養

54　天統題記

(1)　存　第262龕左
(2)　天統二年　公元566年

□□三年□……天統二年立

55　魏顯明造像記

(1)　存　第264、265龕下　拓片29
(2)　天統四年二月十五日　公元568年
(3)　縣志19—43　草目南北朝211　石言4—15　攈錄6—32　彙9之4—13

天統四年二月」十五日佛弟子」魏顯明爲亡」女圈造觀世」像一區願亡女…………尊□」所願如是

56　比丘僧束造像記

(1)　佚
(2)　天統四年四月十五日　公元568年
(3)　縣志19—33　石言4—14

天統四年四月十五日比丘僧束爲亡父造釋迦像一區願使亡父神生凈土願居家内外無病□受有願己身恩明智惠求道成就□及……

57　石窟造像

(1)　佚
(2)　天統七年四月　公元571年
(3)　攈錄6—32　石言4—9,12

北　周

58　乾智題記

(1)　存　第1窟中心柱北面主龕西側　拓片2
(2)　北周

上儀同昌国縣開國侯鄭毅贈開府陳州刺史　　息乾智侍佛時

59　毅妻成郡君題記

(1)　存　第1窟中心柱北面主龕東側　拓片3
(2)　北周

毅妻成郡君侍佛時

〔校注〕　此二題記中之人名,史無稽考。從北朝的地名及官職考之,北魏時昌國縣有二地,一地古屬齊地, 又 名 昌城,漢置昌國縣,魏因之,屬齊州東清河郡,故城在今淄博縣東北;一地屬青州齊郡,漢爲臨朐縣地,北魏置昌國縣,故城在今臨朐縣(據《魏書·地形志》)。從官職爵稱看,鄭毅官至上儀同,爵爲開國侯。晉時封爵,自郡公至縣男,均冠以"開國"稱號。至北魏天賜元年(404)始減五爵爲四等,即"王封大郡,公封小郡,侯封大縣,子封小縣"(見《魏書·官氏志》)。儀同,即儀同三司,這一名號始於東漢延 平 元年(106)。魏晉南北朝以來,儀同之號漸多。但上儀同稱號,在北魏時尚未出現,到北周時才改儀同三司爲儀同大將軍,並增置上儀同大將軍,隋改爲散官。可見,上儀同僅是北周時增設的官職。陳州之名，據《隋書·地理志》和《元和郡縣圖志》，北周武帝時始改北齊信州爲陳州，即今河南沈丘之南。據此，此二條題記，最早也應是北周武帝時鐫刻。

唐

60　韓萬迪造優塡王像頌

　　(1)　存　拓片 31
　　(2)　顯慶五年八月二日　公元 660 年
　　(3)　縣志 19—18　草目唐刻 89　石言 4—15

上官紹施石」　　造優塡王像」永身供養
韓萬迪爲父母造舍利佛
竊聞高明不測幽昧　▨知蓋聖德懸鑒非」愚抑度是以企蓮蹤」而沖志望月殿而虛」心崇寂滅之因刻尊」儀之相遂於大唐顯」慶五年歲次庚申八」月己巳朔二日庚午」比丘僧法秤思察縣」今劉尚客校尉慕容」基陪戎尉賈才尚官」紹鄉城老宿等敬造」韓萬迪爲父母造舍利佛　優塡王像上願　皇帝固業下冀群生」克隆俱獲正真勒玆」徽頌
張行仁」金人感夢雕素是興」瓊宮崇麗寶飾含融」飛仙集衛化女騰空」紛華綺閣茂質彌隆

　　〔校注〕　1977 年發現。

61　長安縣張道家人劉典生造像

　　(1)　佚
　　(2)　顯慶□□七月十日　公元 656~660 年
　　(3)　石言 4—9　金石目 4

62　楊元軌妻王造像記

　　(1)　存　第 219 龕左　拓片 32
　　(2)　龍朔元年四月八日　公元 661 年
　　(3)　縣志 19—36　草目唐刻 94　石言 4—15, 12, 9
　　　　攈錄 3—79

大唐
像銘
大唐龍朔元年四月八」日鄠縣河濱鄉楊元軌　妻王上爲」皇帝陛下　幷爲王姟姃及兄弟姊」妹等敬造釋迦无尼佛」一區合家供養佛時

　　〔校注〕　造像主楊元軌，《石言》作楊大軌。

63　種海雲妻王等造像記

　　(1)　存　第 313 龕下　拓片 33
　　(2)　龍朔二年二月三日　公元 662 年

大唐龍朔」二年二月三日造　　佛弟子種海雲妻王」及女比丘」尼果兒造」像一區今」得成就合」家大小一心」供養

64　佛弟子史行威造像記

　　(1)　存　第 117 龕下　拓片 34
　　(2)　龍朔二年二月八日　公元 662 年

大唐龍朔」二年二月八」日佛弟子」史行威母」▨婆弟行」本爲亡考」造彌陁像」一區今得成」就合家一」心供養佛

65　曾廓仁母游造像記

　　(1)　存　第 103 龕下　拓片 35
　　(2)　龍朔二年四月十日　公元 662 年

龍朔二年」四月十日曾」廓仁母游」▨爲男廓」仁入遠願」平安造彌」陁像一龕」幷二菩薩」供養佛時

66　陳▨造像記

　　(1)　存　第 101 龕下
　　(2)　龍朔二年四月十八日　公元 662 年

龍朔二年」四月十八日」陳▨爲囝」夫▨騎都」尉高□□」入遠願□」阿□及女」娘等造▨」一龕　合」供養

67　比丘尼惠嚴造像記

　　(1)　存　第 102 龕下
　　(2)　龍朔二年四月十八日　公元 662 年

龍朔二年」四月十八日比丘尼惠」嚴爲所生」父母及法」界衆生▨」彌陁像幷」二菩薩願」亡者託緣」西□生者」俱登福」慶

68　慕容懷安造像記

　　(1)　存　第 127 龕下
　　(2)　龍朔二年五月十三日　公元 662 年

龍朔二年五月」十三日故人慕」容懷安及妻」供養佛時

69　朱羅漢造像記

　　(1)　存　第 302 龕下　拓片 36
　　(2)　龍朔二年五月廿三日　公元 662 年

大唐龍朔二」年五月廿三」日桂州始务縣人朱羅漢敬造阿」弥陁像一區」並二菩薩」上爲　皇帝又爲師僧及」七代父母並」法界衆生」並願俱登」正覺

70 魏處旻造像記

（1）存 第2窟中心柱南面中層龕下 拓片38
（2）龍朔二年五月二十八日 公元662
（3）縣志 19—28 草目唐刻199 石言 4—12，9 攈
録 7—18 彙 9 之 4—13 藝 4—14

寬男元亮　　夫曰果之本

寬男元爽　　依釋氏以爲
　　　　　　基名教潛數

旻男公爽　　濟渡蒼生者

旻弟文寬　　矣粤以大唐
　　　　　　龍朔二年歲

像主處旻　　次壬戌五月
　　　　　　己丑朔廿八

旻父幹芝　　日景辰佛弟
　　　　　　子魏處旻仰

旻祖魏道邕　爲亡考積善
　　　　　　無徵早從物

旻祖婆游　　化見存慈母
　　　　　　身帶沉痾二

旻母楊　　　弟文寬憂患
　　　　　　多日旻等歸

旻妻徐　　　欽上聖遂罄

寬妻寶　　　家珎敬造彌
　　　　　　陁像一龕望

旻女大娘　　使煩籠解脫
　　　　　　福慶緣身同

旻女二娘　　履妙因咸登
　　　　　　正覺

寬女四娘

河府□記

71 賈節造像記

（1）存 第131龕下
（2）龍朔二年五月二十九日 公元662年

龍朔二年五」月廿九日賈」節爲亡妻」造彌陁像一」區供養時

72 後魏孝文帝故希玄寺之碑

（1）存 第119龕下 拓片39
（2）龍朔二年 公元662年
（3）縣志 19—31

後魏孝文帝故希玄寺之碑
觀夫七政麗天以玉衡而可測四溟括」地以舟檝而可航豈如聖化幽玄名言」莫識無形無象揔二氣以齊榮非假非」真懸兩耀而騰照淨光圓滿變應無方」三千比丘望遂儀而歛色億萬魔衆視」□質以銷魂是知聖化難窮無

得而名」者也昔魏孝文帝發跡金山途遙玉塞」彎柘弧而望月控驥馬以追風電轉伊」滙雲飛鞏洛爰止斯地創建伽藍年代」已深驟移星簫屬随季版蕩法侶流離」廊宇荒廡棟梁斯壞禪庭聞寂無聞梵」響之聲簫虡摧殘豈睹和庸之奏俄而」紫微統曆淥□奉圖杖鉞羔墟龍飛晉」水於是三川寢□五岳徵氛九功之詠」盈朝六府之歌滿路加以重興神教方」驗於□邦廣樹法門義貞於漢祀時有」近寺耆德揔廿六人等并心田澂淨意」樹清華暮齒莞□殘骸詎幾塊　　」堯雲之覆育追屺岵之興悲遂罄家珍」飾搆靈刹所以歸誠勝業敬託於妙緣」共棄六座屏斯三障故敬造阿彌陁像」一𨐹粤以大唐龍朔二年□月八日雕」鐫畢金泥璨瓔乃侔如意之花玉蕊玲」瓏狀寫珊瑚之樹北臨芒阜花笑嶺而」㳅蓮南昌清流□泛漪而點鏡東瞻月」壘帶兩箭以逶迤西望坎城□九重而」秀起窀棲閑之勝地信因果之道場於」是裝麗嚴明寶臺成就飛甍切漢虵申」蠖屈之奇及宇臨危鳳□龍蹲之異綺」疏遙裔暎月殿以添霞綉柱紊□煥日」宮而散彩但釋教長存法輪恒轉人非」常有逐歲推移鯤經屢訛來田致改式」昭來者敬勒貞碑其詞曰　　　　」模天建刹度影占星風心梵起雲路和」鈴檐圖海獸棟寫池鯨化罩天外道存」幽顯奈苑花舒龍宮義演鷲嶺鬬疴□」山樹善於穆聖尊希叀不測敬想真如」豈睹容□金烏西匿玉菟東流葬花臨」夕蒲柳登秋竭兹家寶裝嚴畢周福田」雲廣勝業聿脩庶傳翠琰永播芳猷

73 左像主王才等題記
右像主張孝卿等題記

（1）存 左像題記在第120龕左，右像題記在第119龕右 拓片40
（2）龍朔二年 公元662年

左像主王才　鞏吒　韓萬廸　閻文正　單巖仁　柳孝淹　种九思　麗弘禮　魏樂　种仁確　成金寶　郭成表　王仁撫
右像主張孝卿　成阿玉　慕容德基　家師德趙滿仁　遏若護　成万崴　劉儉　張感仁　翟師　种仁感　魏弘才

74 左□師妻馬造像記

（1）存 第120龕下
（2）龍朔三年四月二十日 公元663年

大唐龍朔三」年四月廿五日左」禪師妻馬爲」亡図尚図敬」造石像一龕」願亡者託」生西方見存」合家一心供」養

273

75 比丘僧法袗造像記

(1) 存　第2窟中心柱南面上層龕下　拓本 41
(2) 龍朔三年五月七日　公元 663 年
(3) 縣志 19—28　草目唐刻 104　石言 4—12,10　攈
　　録 7—19　碑録 3—80　彙 9 之 4—12　藝 4—14

大唐龍」朔三年」五月七日」比丘僧法」袗敬造」釋
迦牟」尼佛幷」二菩薩」阿難加」葉二金剛」力士幷
造」七佛上爲」皇帝師」僧父母十」方壇越」法界
有」形同出」苦門利」部解脱

〔校注〕5 行第 1 字"袗"，《縣志》卷 19 第 28 頁録爲"袗"。
造像記下小佛間另刻 7 行爲：第一唯衛佛第二□佛第三隨
□佛第四拘樓秦佛第五興郍含牟尼佛第六加□佛第 七 釋
迦牟尼佛。又，《鞏縣石窟寺》1963 年北京文物出版社 第
一版石刻録第 9 頁據《石言》4—12 誤作龍朔元年五月。

76 仇仁懋造像記

(1) 存　第 295 龕下　拓片 37
(2) 龍朔三年五月廿三日　公元 663 年

大唐龍朔三」年五月廿三日」桂州都督府」參軍事仇
仁懋」敬造阿弥陁」像一區幷二菩」薩上爲」皇帝下
爲師」僧及七代父」母法界」衆生並願」同出苦門」
俱登正覺

77 □玄□母戴造像記

(1) 存　第 135 龕下
(2) 龍朔三年六月二十八日　公元 663 年

龍朔三年六」月廿八日□玄」□母戴及弟」姊妹等共
捨」身資仰爲」亡考敬造」阿弥陁像」一區合家供」
養

78 雍子華造像記

(1) 存　第 124 龕下
(2) 龍朔三年六月廿八日　公元 663 年

大唐龍朔」三年歲次」癸亥六月」癸未田」八日弟
子」雍子華爲」七代父母」敬造阿弥」陁像一區幷」
二菩薩合」家供養

79 重建淨土寺碑

(1) 存　石窟寺大殿
(2) 龍朔三年至乾封一年　公元 663～666 年

朝議郎行河南鞏縣令王札撰
瞿曇氏之盛始自後漢 明帝夢金人遣使天竺得梵經
立……遂大行中國矣其教也救物利生毀形苦行不言而
信不……盛一日至于後魏宣武帝以鞏邑爲水 陸 要 衝
舟……劉澄於洛水之北限山之陽土木之製非固……周

建德六年癈（廢）至　大唐天授元年……隳其製蓮宮基
址藉没于官其僧……犬妭狐夜遊地理之更改有時……
曰此境可農士可居乎非……木併興其功近逾率……後
惠施者興……其罘……
（碑側刻有）
碑主种士達　」碑主魏仕樂　　」碑主王□端　」碑
主蘇君□　」碑主李吉咸　」碑主雍子華碑主趙罡恖
碑主蘇中生碑主賈君徵碑主王……

〔校注〕此碑側題記中的碑主雍子華應係本書石刻録 78 雍
子華造像記的"雍子華"。种士達疑係本書録之 99 藐洪道
等造像記中的"种土達"。故知此碑的年代約當唐龍朔三年
至乾封元年間。

80 佛弟子□造像記

(1) 存　第 139 龕下
(2) 龍朔□年七月廿日

龍朔□年七月廿日佛弟子□爲亡父長□□□亡姙四月
□□□□□□件□……

81 寺主太等造像記

(1) 存　第 239 龕下　拓片 52
(2) 龍朔年間　（公元 66I～663）
(3) 縣志 19—35　草目唐刻 109　石言 4—15

大唐龍朔……寺主太寺主法稱爲罝一釋迦无尼佛供養

82 法袗造像

(1) 佚
(2) 龍朔年間（公元 661～663）
(3) 石言 4—15

83 周□府造像記

(1) 存　第 305 龕下
(2) 龍朔年間（公元 661～663年）

大唐龍朔」□□年六月」四日周」□府爲亡」□儉一
敬」罝阿弥陁」佛像一區」幷二菩薩」合家供罝

84 孫奉義妻靳造像記

(1) 存　第 114 龕下
(2) 麟德二年八月二日　公元 665 年

大唐麟」德二年」八月二日」孫奉義」妻靳敬」造阿
弥」陁像一」龕及男」行女妹」兒行妻」並小孫李」
行罨等」供養

85 种處信等造像記

　　（1）　存　第 290 龕下
　　（2）　麟德二年八月二日　公元 665 年

大唐麟德二年八月」□日种處」信及妻公」魏處旻」願捨資財冘亡妻魏」敬造阿弥」陁佛并二」菩薩阿難」加葉二師」子合家……

86 楊四郎造像記

　　（1）　存第 321 龕下
　　（2）　麟德二年八月二日　公元 665 年

大唐麟德」二年八月二」日楊四郎」爲亡妻王」及亡女敬」造阿弥陁」像並二菩」薩合家」内外眷屬」供養佛

87 魏弁惢造像記

　　（1）　存　第 320 龕下
　　（2）　麟德二年八月二日　公元 665 年

大唐麟」德二年八」月二日魏」弁惢爲」弟婦王」身故爲」敬造釋」迦佛并」菩薩」合家大小」供養佛

88 比丘尼□惠造像記

　　（1）　存　第 109？下
　　（2）　麟德二年八月二日　公元 665 年

因唐麟」德二年八」月二日比」丘尼惢」惠爲所」生父母過」□父母因」□眷屬敬」造釋迦」牟尼佛并」二菩薩供」養

89 孫奉義妻靳造像記

　　（1）　存　第 113 龕下
　　（2）　麟德二年八月二日　公元 665 年

大唐麟」德二年」八月二日」孫奉義」妻靳敬」造阿弥陁像一」龕及男」行一女妹」兒行□妻」並外孫李」行寿等

90 張養妻史造像記

　　（1）　存　第 122 龕下　拓本 42
　　（2）　麟德二年八月十五日　公元 665 年

大唐麟」德二年八」月十五日」張養妻史」爲亡父史」□及亡母侯敬」造弥陁像及菩薩
…………

91 蘇承叔造像記

　　（1）　存　第 123 龕下
　　（2）　麟德二年八月十五日　公元 665 年

大唐麟」德二年八」月十五日」蘇承叔及」妻楊願」合」家平安」謹造釋」加像一區并」二菩薩供養

92 回子光本造像記

　　（1）　殘存　第 325 龕下
　　（2）　麟德二年□月二日　公元 665 年

大唐麟德」二年□月二」回子光本」□□爲身」□□願造」阿弥陁像一圖願……」大小一心供」養……

93 劉孝男母王造像記

　　（1）　存　第 314 龕右
　　（2）　乾封元年八月廿日　公元 666 年

大唐乾封元年八月廿日劉孝」男母王爲亡夫合家平安願男」□得□□敬造像一龕合家供養

94 魏伯養等造像記

　　（1）　存　第 321 龕右
　　（2）　乾封元年十二月十二日　公元 666 年

大唐乾封元年十二月十二日魏伯養及」弟等仰爲亡父母敬造阿弥陁像并二菩薩阿」難加業合家眷屬一心供養

95 魏玄德母造像記

　　（1）　存　第 311 龕右
　　（2）　乾封元年十二月十八日　公元 666 年

大唐乾封元年十二月十八日魏玄德母□」爲亡男玄策及東行男玄德願平安□还」敬造像一龕合家供養

96 □□造像記

　　（1）　存　第 292 龕右
　　（2）　乾封元年十二月十八日　公元 666 年

大唐乾封元年十二月十八」日……如□」……爲□□」敬造阿弥」陁像囲菩薩合家供養

97 賈父相母王造像記

　　（1）　存　第 326 龕下　拓片 43
　　（2）　乾封元年十二月十八日　公元 666 年

大唐乾封」元年十二月」十八日賈父相」母王及相妻」□共捨□」爲亡男□□」敬造阿弥陀」像并二菩薩」阿難加葉」合家供養

98 蘇洪道等造像記

    (1) 存 第 315 龕下 拓本 44

    (2) 乾封元年十二月十八日 公元 666 年

大唐乾封」元年十二」月十八日蘇」洪道及妻」公种土達」共捨衣資」爲亡妻种」敬造阿弥」陁像及二菩薩」合家供」養

99 □□□造像記

    (1) 存 第 293 龕下

    (2) 乾封元年十二月 公元 666 年

大唐乾封元年十二」月□日……」□爲七代父母造像一區同」登正覺男師德女□州

100 敬善寺沙門善願造像並刻心經

    (1) 存 第 111 龕下

    (2) [乾]封元年□□十八日 公元 666 年

    (3) 草目唐刻 124 攈録 7—21 彙 9 補遺—36

[乾]封元年□□十八」日□…………
□□敬造弥」□□二菩」□□□供養

〔校注〕《鞏縣石窟寺》石刻録67誤作[龍]朔元年，今據現場新拓本校改。由於造像記風化甚烈"乾"字今已不存。經1979年我們在鞏縣石窟寺再次進行勘察後，確認《鞏縣石窟寺》(1963年版)石刻録76與67是一篇題記。

101 張士妻造像記

    (1) 存 第 291 龕下

    (2) 乾封二年二月廿五日 公元 667 年

大唐乾封」二年二月」廿五日張」士妻爲身」患在□仰」憑諸佛敬」造像一龕」上爲皇帝」下及蒼生」親眷屬合」家大小一」心供養

102 比丘僧法祥造像記

    (1) 存 第 301 龕右

    (2) 乾封二年三月廿日 公元 667 年

大唐乾封二年三月廿日比丘僧法祥敬造……皇帝又爲師僧父母十方施主願□……

103 比丘僧法祥造像記

    (1) 存 第 2 窟西壁大龕右下角 拓片 45

    (2) 乾封二年八月十日 公元 667 年

    (3) 縣志 19—29 草目唐刻 128 石言 4—10,13 攈録 7—20 彙 9 之 4—13 藝 4—14

大唐乾封二年八月十日比丘僧」法祥敬造阿弥陁像一龕上爲」皇帝師僧父母東征行人爹爾平」安又顛國土安寧十方施主離」郘解脱成無上道

〔校注〕 2 行第 2 字"秤"，《縣志》卷 19 第 29 頁作"秤"。

104 嚴妻馬造像記

    (1) 存 第 237 龕下

    (2) 乾封二年八月十三日 公元 667 年

大唐乾封二年八月十三日」嚴妻馬仰爲亡夫及已身」見存家口敬釋迦像一」龕合家供養

105 蘇冲生造像記

    (1) 存 第 171 龕下

    (2) 乾封二年十一月卅日 公元 667 年

    (3) 縣志 19—33 草目唐刻 133 石言 4—10，13 攈録 7—22 彙 9 之 4—13 藝 4—14

乾封二年十一月」卅日蘇冲生爲」亡男造阿弥陁」像一龕願亡」男西方净土」随意冲生合」大小一心供養」□與妻□□

〔校注〕造像主蘇冲生，《石言》作蘇永生。又，3 行第 2 字《縣志》卷 10 第 23 頁作"男"，4 行第 3 字作"龕"，5 行第 4 字作"净"，7 行第 4 字作"心"，8 行第 2 字作"與"字，今已不清，不能辨識。

106 陳成合造像記

    (1) 存 第 167 龕下

    (2) 乾□二年十一月□□

    (3) 縣志 19—34 草目南北朝 507 石言 4—15 攈録 9—44

乾□二年十一」月□□陳成合」□□□减身資」□□亡父母敬造」阿□陁像一」區願亡考妣神」□□土随意」□□見存眷」□同沾福慶

〔校注〕《草目南北朝》507 頁作乾元二年十二月。《縣志》作乾□十二年十一月

107 路厲節妻造像

    (1) 佚

    (2) 乾封三年二月十五日 公元 668 年

    (3) 攈録 7—22

108 宛若造像

    (1) 佚

    (2) 乾封三年二月十五日 公元 668 年

109 元大娘造像記

    (1) 存 第 186 龕右

    (2) 乾封三年二月二十一日 公元 668 年

    (3) 縣志 19—39 草目唐刻 133 石言 4—10 彙 9 補遺—35 藝 4—14

元大娘□年八月身患□」願身老日敬造像一區合」家
供養佛時乾封三年二」月廿一日□記

〔校注〕造像記2行第3字《縣志》無録,第4字誤作
"食"。《草目唐刻》133頁作"乾封三年三月廿一日",
《石言》卷4第10頁作"乾封三年三月二十七日"。

110 種玄□妻造像記

(1) 存　第185龕右
(2) 乾封三年二月廿四日　公元668年
(3) 縣志19—39　草目唐刻134　石言4—10,12　彙
9補遺—35　藝4—14

乾封三年二月廿四日佛弟」子种玄□妻爲亡母見存父
」□爲□造像一龕一佛二菩」薩合家大小願得平安一
心」□供養

〔校注〕《草目唐刻》第134頁作"乾封三年三月二十四",
《石言》卷4第10頁作"乾封三年三月二十日"。

111 弟子冲遠造像

(1) 佚
(2) 乾封三年三月二十四日　公元668年
(3) 石言4—10

112 趙斐造像記

(1) 存　第220龕下
(2) □封三年二月二十二日
(3) 縣志19—35　草目唐刻133　石言4—15　攟録
7—22　碑録3—82　彙9之4—14

□封三年二」月廿二日佛」弟子趙斐爲」囚父母及□
……」願　身□□造像」二龕□幷二」菩薩曰心」
供」養佛時

〔校注〕佛弟子趙斐,《攟録》作"趙婆"。

113 韓萬迪造像記

(1) 存　第238龕下　拓片46
(2) 乾封□□八月十四日

大唐乹封□□」八月十四日韓萬迪」及妻張爲夫妻過
」去父母幷見存眷」屬願同履善因」敬造弥陁像一龕
」合家供養

114 比丘僧思察造像記

(1) 存　千佛龕中部
(2) 乾封□□□□□六日

佛告舍利弗若有善男子」善女人比丘比丘尼優」婆塞
優婆夷能受持讀」誦此諸佛菩薩名者終」不堕惡道生
天人中恒」值諸佛説此佛名慧命」舍利佛及摩訶男比

丘」諸比丘屄優婆塞優婆」夷天龍夜叉乹闥婆阿」脩
羅迦樓羅摩睺羅伽」人非人及諸菩薩摩訶」薩皆大歡
喜頂受奉行」大唐乾封□□□□□」六日比丘僧思察
敬□」優塡王像一區千佛□」遠上□□□□□□」
皇帝下爲七代父母」法界蒼生俱發菩」提成无上道

115 林熙同造像

(1) 佚
(2) 乾封□年□月
(3) 石言4—13

116 盧贊府造像記

(1) 存　第211龕右　拓片47
(2) 總章元年四月二日　公元668年
(3) 縣志19—37　草目唐刻134　石言4—15　攟録
7—22　彙9之4—14

總章元年四月二日盧贊府爲老母」敬造救苦觀音一區
合家供養時

〔校注〕2行第8字《縣志》卷19第37頁作"區",今已不清。

117 李光嗣妻王造像記

(1) 存　第215龕左
(2) 總章元年四月二日　公元668年
(3) 縣志19—36　草目唐刻134　石言4—15　攟録7—
22　彙9之4—14

總章元年四月二日李光嗣妻王□□父母」敬造弥陁像
一龕合家大小□□□養

〔校注〕第2行末2字《縣志》卷19第36頁爲"裝佛",今"裝"
字已不可辨識,而末1字將"養"録作"佛",有誤。《攟録》卷
七第22頁作"總章元年四月三日"。又,造像主李光《石言》
誤作"李元"。

118 田□造像記

(1) 存　第216龕右
(2) 總章元年四月二日　公元668年
(3) 縣志19—37　草目唐刻135　碑録3—82

總章元年四月二日田□□□□父」母敬造弥陁像一龕
合家供養

〔校注〕《縣志》卷19第37頁作"總章元年四月一日",《草目
唐刻》135頁作"□□造阿弥陁像總章元年四月二十日"。

119 魏師妻張造像記

(1)存　第174龕上
(2)總章二年四月　公元669年
(3)縣志19—35　石言4—13　攟録7—23

總章二年四月□□」魏師妻張爲亡」母敬造一佛二菩」薩合家供養

120 造像殘記

(1) 佚
(2) 總章二年四月二日　公元 669 年
(3) 縣志 19—38

總章二年四月二日……生西方……合家供養

121 佛弟子田□瓚妻造像記

(1) 存　第 116 龕左
(2) 總□二年九月七日

總□二年九月七日佛弟子田□瓚妻」□□□□敬造敬造觀世音一區供養

〔校注〕造像記第 2 行"敬造"2 字重刻。

122 佛弟子□居幹造像記

(1) 存　第 212 龕左
(2) 總□□年二□□日
(3) 縣志 19—38　草目唐刻 140

總□□年二□□日佛弟子□居幹爲女」□□□□□見存家回造像一鋪合家供養

〔校注〕《縣志》卷 19 第 38 頁作"總章□年二月二日佛弟子万居幹……",《草目唐刻》140 頁作"房君幹造像記"。

123 魏師妻王爲亡母造像

(1) 佚
(2) 總章□年
(3) 草目唐刻 140

124 成思齊造像記

(1) 佚
(2) 咸亨元年二月三十日　公元 670 年
(3) 縣志 19—30　草目唐刻 141　石言 4—10　攈錄 7—24　彙9之4—14

咸亨元年二月卅日弟子成思齊兄弟及姊妹爲亡父造觀世音菩薩一區願亡父託生西方見□□□□福……

125 石窟寺造像

(1) 佚
(2) 咸亨元年四月　公元 670 年
(3) 石言 4—12

126 种行高妻朱造像記

(1) 存　第 168 龕左
(2) 咸亨元年五月十四日　公元 670 年
(3) 縣志 19—44　草目唐刻 141　石言 4—15

咸亨元年五月十四日种」行高妻朱造像一鋪供養

〔校注〕第 1 行末字《縣志》卷 19 第 45 頁爲"种"字,今据以補。

127 弟子苗師感造像

(1) 佚
(2) 咸亨元年五月十八日　公元 670 年
(3) 草目唐刻 141　攈錄 7—24　彙9之4—14

128 張登造像

(1) 佚
(2) 咸亨元年五月三十日　公元 670 年
(3) 石言 4—10

129 圖承祀造像記

(1) 存　第 14 龕左　拓片 48
(2) 咸亨元年五月二十一日　公元 670 年
(3) 縣志 19—24　草目唐刻 141　石言 4—13,10　攈錄7—24　彙9之4—14　藝 4—14

咸亨元年五月廿一日留承祀爲亡父敬造像一龕顚亡父安樂自在見存内外□□□眷屬俱□□福合家一心供養

〔校注〕第 1 行"五月廿一日"《縣志》卷九第 23 頁誤爲"四月五日"。第 3 行第 8—9 字《縣志》爲"斯福"。《草目唐刻》141 頁作"黄(或釋董)承禮爲亡父造像"咸亨元年三月二十一日,《攈錄》卷 7 第 24 頁作"黄承禮造像記,咸亨元年五月二十一日"。

130 張養仁造像記

(1)存　第 13 龕右
(2)咸亨元年五月三十日　公元 670 年
(3)縣志 19—23　草目唐刻 142　石言 4—13　攈錄7—24　彙9之4—14　藝 4—15

咸亨元年五月卅日張養仁爲見存図」母及家□願平安造像一龕一心供養

131 張法喜造像記

(1)存　第 2 窟西壁小龕左
(2)咸亨元年八月三十日　公元 670 年
(3)縣志 19—30　草目唐刻 142　石言4—12,15

咸亨元年八月卅日弟子張法」喜爲亡父造像一龕合家供養

132　比丘僧法祎造像記

(1)存　第2窟西壁小龕右　拓片49

(2)咸亨元年九月十八日　公元670年

(3)縣志19—29　草目唐刻143　石言4—10,13　攈録7—24　彙9之4—14　藝4—15

咸亨元年九月十八日比丘僧法」祎爲國王帝主頋四方寧靜」及爲師僧父母十方施主法界」含靁敬造尊像一龕願同出」苦門離鄣解脱成无上道

〔校注〕第4行第1字《縣志》卷19第29頁爲"含"，第2字《縣志》無録。

133　比丘僧法祎造像

(1)佚

(2)咸亨元年十月五日　公元670年

(3)草目唐刻144　攈録7—24　彙9之4—14　藝4—15

134　僧法祎造像

(1)佚

(2)咸亨元年十月五日　公元670年

(3)攈録7—24

135　張文政造像記

(1)存　第2窟東壁上部二龕之間

(2)咸亨元年十月三十日　公元670年

(3)縣志19—30　草目唐刻145　石言4—13　攈録7—24　彙9之4—14

咸亨元年十月卅日佛弟子張文政爲亡妻敬造尊」像一龕合家一心供養佛時

136　比丘僧法祎爲國王造像

(1)佚

(2)咸亨元年十一月五日　公元670年

(3)石言4—10

大唐咸亨元年十一月五日比丘僧法祎爲國王□□頋天下太□四方寧靜及□□□□□□□十方施主□敬造優填王□□區願法界□出□同苦門□□□脱成无□□□

137　比丘法祎造優填王像

(1)存　石窟寺大殿

(2)咸亨元年□月五日　公元670年

(3)縣志19—19　石言4—13

咸亨元□□」月五日比□」法祎爲國王」固願天下太」四方寧靜及」師僧父母明」禪師十方施」敬造優填王」一區願法界」□同出苦門」□解脱成无

〔校注〕此像係1977年發現，同時發現的尚有一尊大理石雕製的唐代優填王像，無銘。

138　造像記

(1)存　第65龕下

(2)咸亨元年□□月十四日　公元670年

(3)草目唐刻140

大□」咸亨元年」□□十四日

……

〔校注〕《草目唐刻》140頁作"咸亨元年二月十四日殘造像"

139　游懷德造像記

(1)存　第5窟北壁

(2)咸亨三年三月十日　公元672年

(3)縣志19—39　草目唐刻151

咸三年三月」十日游懷德」爲亡妻張造」像一區供養」佛時

140　石窟造像

(1)佚

(2)咸亨三年五月　公元672年

(3)石言4—12

141　魏師德妻田造像記

(1)存　第106龕右

(2)咸亨三年七月十日　公元672年

(3)縣志19—35　草目唐刻152　石言4—15　攈録7—25　彙9之4—14

咸亨三年七月十日佛弟子魏」師德妻田姊妹三人爲亡父母」粧像一龕合家供養佛時

〔校注〕《草目唐刻》152頁作"總章二年三月十一日"，與該條後注《石言》卷4第15頁，爲"咸亨三年七月"不符。

142　石窟寺造像

(1)佚

(2)咸亨三年十月　公元672年
攈録7—25　石言4—11　碑録3—84

143　弟子諸王文造像

(1)佚

(2)咸亨三年十二月　公元672年

(3)草目唐刻155　石言4—11　彙9補遺—35　藝4—15

144　竇伏端造像記

(1)存　第5窟北壁

(2)咸亨四年五月十日　公元673年

(3)縣志19—38　草目唐刻151

咸亨四年五月十日竇伏端爲亡父母及見存母及妻男女」□造像一龕合家一心供養

145 魏文慶造像記

(1) 存 第5窟北壁
(2) 咸亨四年五月十日 公元673年
(3) 縣志19—39 草目唐刻157

咸亨四年」五月十日」魏文慶兄」弟爲現存」父母及家」□平安□」無灾部」造像一龕」合家一心」供養

146 鞏縣令許思言造像記

(1) 存 第2龕下
(2) 儀鳳二年四月十日 公元677年
(3) 縣志19—23 草目唐刻176 石言4—11, 13
　　 攓録7—26 彙9之4—14 藝4—15

儀鳳二年四月十」日弟子鞏縣令許」思言敬造釋迦牟」尼像一龕幷二菩」薩夫妻供養願□」□榮考妣内外眷」□及□□□

〔校注〕第6行1字《縣志》卷19第23頁作"見",今字迹不清。《草目唐刻》第176頁爲"儀鳳三年四月十日"。《石言》卷4第11頁爲"儀鳳三年四月十一日"。

147 造像殘記

(1) 存 第106龕右
(2) 儀鳳二年 公元677年

儀鳳二年七月十五日……

148 冲□仁造像記

(1) 存 第106龕左
(2) 儀鳳二年十月八日 公元677年

儀鳳二年十月八日弟子冲□仁爲亡妻□造像一龕

149 鞏縣□□尉女造像記

(1) 存 第19龕下
(2) 永隆二年十月二十一日 公元681年
(3) 草目唐刻189 石言4—15

永隆二年歲 次辛巳十月
……
日貴子鞏縣 □□尉女爲」□□敬造阿」□□□一龕
……

〔校注〕《草目唐刻》第185頁作"永隆三年十月□日",《石言》卷4第16頁作"永隆二年十月"。

150 白仁軌（？）造像記

(1) 存 石窟寺大殿内
(2) 文明元年□月六日 公元684年

因唐文明元年」□月六日弟子」白仁軌（？）爲□□」

願平安敬造阿」弥陁石像一□」□得成就又□」七世父母法圉」衆生俱登□□」合家一心供養

151 石窟寺造像

(1) 佚
(2) 延載元年二月 公元694年
(3) 攓録7—38 石言4—12

152 比丘僧道貞造像記

(1) 存 第52龕右 拓片50
(2) 延載元年八月六日 公元694年
(3) 縣志19—26 草目唐刻230 石言4—14,11,12
　　 攓録7—38 彙9之4—14 延熹元重八卐十六㊀比丘僧道貞爲亡

外生」敬造」觀世」音菩」薩」大世」至菩」薩三」區今」得成」就一心」供養

153 王楚惠造像

(1) 佚
(2) 萬歲通天二年五月二十八日 公元697年
(3) 石言4—11

154 趙州房子縣馮文安造像

(1) 佚
(2) 萬歲通天二年□月二十三日 公元697年
(3) 石言4—11

155 劉□□妻郭造像

(1) 佚
(2) 聖曆二年七月十五日 公元699年
(3) 草目唐刻251 石言4—11 攓録7—41（作洛陽存古閣） 彙9補遺—35

156 石窟造像

(1) 佚
(2) 久視元年二月 公元700年
(3) 攓録7—41 石言4—11 碑録3—93

157 石窟寺造像

(1) 佚
(2) 久視元年二月 公元700年
(3) 石言4—12

158 程基造像記

(1) 存 第50龕右 拓片51
(2) 久視元年六□廿八日 公元700年
(3) 縣志19—26 草目唐刻257 石言4—13,12—11
　　 攓録7—41 彙9之4—14

久視元秊六囗廿八〇弟子基爲亡妻王敬造」程立釋迦
一區」今得成」就願合」家及諸」親□供」養佛時

〔校注〕《縣志》卷19第26頁袛録第1行23字，第2行差録
爲"無災難"。第3、4、5、6諸行無録。

159 王二娘造像

（1）佚
（2）久視元年十二月二十三日　公元700年
（3）草目唐刻258　石言4—11　（作"久視元年歲次庚
　　子十二囗乙巳朔二十三〇"）彙9補遺—35 藝4—15

160 石窟寺造像

（1）佚
（2）長安二年　公元702年
（3）石言4—10

161 唐尊勝陁羅尼經幢

（1）存　石窟寺大殿前簷下
（2）開元十九年十一月十五日　公元731年
（3）草目唐刻395　藝5—14　竹2—47　金石二跋
　　2—5　平6—1　瓊46—25　彙9之4—14 石言4—12,13
　　縣志19—5　中目3—18　中考6—22

佛頂尊勝陁羅尼經序
佛頂尊勝陁羅尼經者婆羅門僧佛陁波利儀鳳元年
從西國來至此土到五臺山次遂五體投地向山頂禮曰如
來滅後衆聖潛靈唯有文殊師利於此山中汲引倉」生教
諸菩薩波利所恨生逢八難不囗聖容遠涉流沙故來敬謁
伏乞大慈大悲普囗令見尊儀言已悲泣雨淚向山頂禮禮
已舉首忽見一老人從囗中出來遂作婆羅門語謂」僧曰
法師情存慕道追訪聖蹤不囗劬勞遠尋遺跡然漢地衆生
多造罪業出囗之輩亦多犯戒律唯有佛頂尊勝陁羅尼經
能滅衆惡業未知法師頗將此經來不僧曰貧道直來禮謁
不將經來老人曰既不將經來空來何益縱見文殊亦何必
識師可到向西國囗此經來流傳漢土卽是遍奉衆聖廣利
羣生拯濟幽寅報諸佛恩也」師取經來至此弟子當示文
殊師利菩薩所在僧聞此語不勝喜躍遂裁柳悲淚至心敬
禮舉囗之頃忽不見老人其僧驚愕倍更虔心繫念傾誠廻
還西國取佛頂尊勝陁羅尼經至永淳二年廻至西京具以
上事聞奏天帝遂將其本入內請日囗三藏法師及勑司賓
寺典令杜行顗等共譯此經施僧絹卅疋其經本禁□□□

出其僧悲泣奏曰貧道損軀委命遠取經囗情望普濟
羣生救拔苦難不以財寶爲念不以名利開懷請還經本流
行庶望含靈同益遂留翻得之經還僧梵本其僧待梵囗將
向 西明 寺訪 得善梵 語漢僧順貞奏共翻譯帝隨其請僧
遂對諸大德共貞翻譯訖僧將梵本囗五台山入山於今不

出今前後所翻兩本並流行於代小小語有不同者幸勿怪
」焉至垂拱三年定覺寺主僧志靜因停在神都魏國寺親
見日照三藏法師問其逗留一如上説志靜遂就三藏醫師
諮受神咒法師於是口宣梵旨經二七日句句委授具足梵
音一無」差失仍更取舊翻梵本勘校所有脱錯悉囗改定
其咒初注云敩後別翻者是也其咒句稍異於囗令所翻者
其新咒改定不錯並注其音訖後有學者幸詳此焉至永昌
元年八月於大」敬愛寺見西明上座澄法師問其逗留亦
如囗説其翻經僧順貞見在西明寺此經救拔幽顯敩不可
思議恐囗者不知故囗録委由以傳未悟」　佛頂尊勝陁
羅尼經」　罽賓沙門佛陁波利奉」　詔譯」　如是
我聞一時薄伽梵在室羅筏住誓多林給孤獨園與大苾蒭
衆千二百五十人俱又與諸大菩囗僧萬二囗人俱尒時三
十三天於善法堂會有一天子名曰善住與諸大天遊於園
觀又與大天受勝尊貴與諸天女前後圍繞歡喜遊戲種種
音樂共相娛樂受諸快樂尒時善住天子卽於夜囗聞有聲
言善住天子却後七日命將欲盡命終之後生瞻部洲受七
返畜

生身卽受地獄苦從地獄出希得人身生於貧賤處於
母胎卽無兩目尒時善住天子聞此聲已卽大驚怖身囗皆
堅愁憂不樂速疾往詣天帝釋所悲號啼哭惶怖無計頂禮
帝」釋二足尊已白帝釋言聽我所説我與諸天女共相圍
繞受諸快樂聞有聲言善住天子却後七日命將欲盡命終
之後生瞻部洲七返受畜生身受七身已卽生諸地獄從地
獄出希得人身生貧賤家而無兩目天帝云何令我得免斯
苦」　尒時帝釋聞善住天子語已甚大驚愕即自囗惟此
善住天子受何七返惡道之身尒時帝釋須臾靜住入定諦
觀即見善住當受」　七返惡道之身所謂猪狗野干獼猴
蚌蛇烏鷲等身食諸穢惡不凈之物尒時帝釋觀見善住天
子當墮囗返惡道之身極助苦惱痛割於心諦思無何所歸
計依唯有如來應正等覺令其善住」得免斯苦」　尒時
帝釋即於此日初夜分時以種種花□塗香末香以妙天衣
莊嚴執持往詣誓多林園於世囗所到已□禮佛足右繞七
帀即於佛前廣大供養佛前蹲跪而白佛言世尊善住」天
子云何當受七返畜生惡道之身具如上説」　尒時如來
頂□放種種光遍滿十方一切世界已其光還來遶佛三帀
從佛□入佛便微笑告帝釋言天帝有陁羅尼名爲如來佛
尊勝頂能凈一切惡」道能凈除一切生死苦惱又能凈除
諸地獄閻羅王界畜生之苦又破一切地獄能廻向善道天
帝此佛頂尊勝陁羅尼若有人聞一經於耳先世所造一切
地獄惡業皆悉消滅當得清凈之

身隨所生處憶持不忘從一佛刹至一佛刹從一天□
□一天囗遍歷三十三天所生之處憶持不忘天帝若人命

欲將終須臾憶念此陁羅尼還得增壽得身口意净身無苦
痛隨其福利隨處安」隱一切如來之所觀視一切天神恆
常侍衛爲人所敬惡障消滅一切菩薩同心覆護天帝若人
能須臾讀誦此陁羅尼者此人所有一切地獄畜生閻羅王
界餓鬼之苦破壞消滅無有遺餘諸佛刹土及」諸天宮一
切菩薩所住之門無有鄣礙隨意遊入」　尒時帝釋白佛
言世尊唯願如來爲衆生説增益壽命之法」　尒時世尊
知帝釋意心之所念樂聞佛説具足陁羅尼即説咒曰」

那慕薄伽伐帝一 啼唎二合嚕迦居耶反二鉢囉底三毗卅寶□□ 室瑟
吒哪去輕四 勃陁引 哪同上 薄伽伐帝六 怛咽咃七 烏斜二合八毗
輸陁耶九 娑摩□漫多皤婆上 娑上十 駛破囉二合拏揭底伽
訶上 哪去半 娑婆皤毗秣提十二 阿毗詵上」者覩緰二合十三 蘇
上 揭多伐折郍十四 阿密栗二合多毗曬∠殺剩十五 阿訶囉二
合 阿訶囉二合十六 阿踰珊陁引囉上 尼去十 輸馱耶輸馱耶伽
郍□林提十八 烏瑟尼上 沙上 毗社耶上 秫提十九 娑訶娑囉
褐囉二合濕泯珊珠地帝二十 薩」婆怛他揭多地瑟咤引 郍
去頞地瑟耻癉密反下同 底慕睡唎二合跋□囉迦 上 耶上 僧上 訶
上 多上 郍上 秫提廿二 薩婆伐囉上 拏上 毗秫提廿三□囉底
你伐怛耶阿瑜秫提廿四 薩末耶頞地瑟耻帝廿五 麽尼麽尼
怛闥多達」 摩馱都部多俱胝鉢利秫提廿六 毗薩普吒勃
地秫提廿七 社□社耶廿八 毗社□毗社耶廿九 薩末囉二合薩
末囉二合勃陁頞地瑟耻多秫提卅一 拔折唎拔折囉揭鞞
卅二 拔折攬婆伐覩卅三 麽麽自稱卅四 薩婆薩埵」

郍含二合迦寫耶二合毗秫提卅五十 薩婆怛他揭多馱摩
濕嚩娑頞 地二合 瑟耻帝三十六 勃睡地伽勃睡同上卅七 菩陁耶菩
陁耶卅八 三滔多鉢唎秫提卅九 薩婆怛他揭多池瑟咤引郍
去頞地二合瑟耻帝卌 摩訶慕睡唎二合娑婆訶卌二」 佛告帝
釋言此咒名淨除一切惡道佛頂尊勝陁羅尼能」除一切
罪業等鄣能破一切穢惡道苦天□此陁羅尼八十八殑伽
□俱胝百千諸佛同共宣説隨喜受持大如來智印印之爲
破一切衆生穢惡道義故爲一切地獄畜生閻羅王界衆生
得解脱故臨□苦難墮生死海中衆生得解脱故短命□福
無救護衆生樂造雜（？）染惡業衆生故説又此陁羅尼於
贍部洲主持力故能令地獄惡道衆生種」種流轉生死薄
福衆生不信善惡業失正道衆生□得解脱義故佛言天帝
我説此陁羅尼付屬於汝汝當授與善住天□□當受持讀
誦思惟愛樂憶念供養於贍部洲一切衆生廣爲宣説此陁
羅尼亦爲一切諸天子故説此陁」羅尼印付囑於汝天帝
汝當善持守護勿令忘失」 天帝若人須囤得聞此陁羅尼

千劫已未□□□業重郍應受種種流轉生死地獄餓鬼畜
生閻羅王界阿修羅身夜羅刹鬼神布單郍羯吒布單郍阿
婆娑摩羅狗蠟龜蚊蟒虵一切諸鳥及諸猛獸一切蠢動蛤
含□乃至蟻子之身更不重受即□□□□□如來一生
補處菩薩同會處生或得大姓婆羅門家生或得刹」□□
家生或得豪貴㝡勝家生天帝此人得如上貴處生皆由聞
此陁羅尼故轉所

　清净天帝乃至得到菩提」
　□此陁羅尼功德如是」　天帝此陁羅尼名爲吉祥
一切惡道此佛頂尊勝陁羅尼猶如日藏摩尼之寶净
無瑕穢净等虛……徹無不周遍若諸……是亦如閻浮檀
金明净柔軟令人喜見不爲穢惡□□天帝若有衆生持此
陁羅尼亦復如是乘斯善法得生善道天帝此陁羅□□□
處若能書寫流……養能如是者一切惡道□得清净一切
地獄苦悉皆消滅

　　□□人能書寫此陁羅尼安高幢上或安高山或安樓
上乃至安置窣堵波中天帝囷有苾芻苾芻尼優婆塞優婆
夷族姓男族姓女於幢等上……風吹陁羅尼上」□□在
身上天帝彼諸衆生所有罪業應墮惡道地獄畜生閻羅王
界餓鬼阿脩羅身惡道之苦皆悉不受亦不爲罪垢染汙天
帝此等衆生爲一……於阿耨多羅三」……何況更以多
諸供具花鬘塗香末香□寶幢幡蓋等衣服瓔珞作諸莊嚴
於四□道造窣堵波安置陁羅尼合掌恭敬旋遶行道歸命
礼拜……真是佛弟子」……來全身舍利窣堵波塔　尒
時閻摩羅法王於時夜分來詣佛所到已以種□天衣妙花
塗香莊嚴供養佛已遶佛七帀頂礼佛足而作……脩…」
…是陁羅尼者我常隨逐守護不令持者隨於地獄以彼隨
順如來言教而口念之」　尒時護世四大天王遶佛三帀
白佛言世尊唯願……

　　……説受持此陁羅尼法亦爲短命諸衆生説當生洗
浴着新净衣白月圓滿□五日時持齋誦此陁羅尼滿其千
遍命短命衆生還……」……獄……解脱諸飛鳥畜生含
靈之類聞此陁羅尼一經於耳盡此一身更不復受」佛言
□人遇大惡病聞陁羅尼即得永離一切諸病」亦得消…
…世界從」□身已後更不受絶胎之身所生之處蓮華化
囨一切生處憶持不忘常識宿命　佛言若人先造一切極
重罪業遂即命終乘斯惡業……閻羅王界或墮餓鬼乃」
至墮大阿鼻地獄或生水中或生禽獸異類之身取其亡者
隨身分骨以主一把誦此陁羅尼二十一遍散亡者骨上即
得生天佛言若人能日日誦……尼二十一遍應消一切世
間廣大供養」捨身往生極樂世界若常誦念得大涅槃復
增壽命更勝快樂捨此身已即得往生種種微妙諸刹主常
與諸佛俱會一處一切如來恒爲演説微妙之義一切世尊

即授其記身照光曜」一切剎主佛言若誦此陁羅尼法於
其佛前先取净主作壇随其大小方四□作以種種早化散
於壇止燒衆名香右膝着地蹋跪心常念佛作慕陁羅印屈
其頭指以大母押合掌當其」心上誦此陁羅尼一百八遍
訖於其壇中如雲王雨花能遍供養八十八俱胝□伽沙那
庚多□千諸佛彼世尊咸共讚言善哉希有真是佛子即得
無㝵礙智三昧得大菩提心莊嚴三昧

　　持此陁羅尼法應如是」　佛言天帝我以此方便一
切衆生應墮地獄道令得解脱一切惡道亦得清净復令持
者增益壽命天帝汝去將我此陁羅尼授與善住天子滿其
七日汝與善」住俱來見我」　尓時天帝於世尊所受此
陁羅尼法奉持還於本天授與善住天子尓時善住天子受
此陁羅尼已滿六日六夜依法受持一切願滿應受一切惡
道等苦即得解脱佳菩提」道增壽無量甚大歡喜高聲歎
言希有如來希有□法希有明驗甚爲難得令我解脱□尓
時帝釋至第七日與善住天子將諸天衆嚴持花轝塗香末
香寶幢幡蓋天衣瓔珞微妙莊嚴往詣佛所設大供養以妙
天衣及諸瓔珞供養世尊遶千百币於佛前立踊躍歡喜而
……世尊舒金色辟摩善住天子頂而□説法授菩提記佛
言此經名淨一切惡」道佛頂尊勝陁羅尼汝當受持尓時
大衆聞法歡喜信受奉行

佛頂尊勝陁羅尼經

　　開元十九年歲次辛未十一月□午朔十五日庚申前
囧鞏府長史王元明奉爲□父母泊亡妻見存兄弟合家大
小六親眷屬一切衆生建立此幢咸同此福

　　唐大中八年歲次甲戌正月丙戌朔廿六日辛亥再立
此幢幢主当寺上座僧太初寺主智□都維那明詢匠人常
公瑜

162　馬師造像記
（1）存　第128龕下
（2）乾元□年十二月十八日

大唐乾元□」年十二月十」八日馬師爲亡」妻劉敬造
觀」□菩薩供養

163　唐大德演公塔銘
（1）存石窟寺大殿前簷下左壁
（2）貞元十八年正月廿二日　公元802年
（3）攈録8—48　石言4—13，12，　中目4—7

唐故禪大德演公塔銘 并序

　　鞏縣尉楊葉撰」明經劉鈞書
　　如來滅後五濁惡世厥有悟最上乘者即我大師歟大
師俗姓柳法號明演累代家於相州湯陰縣幼而温敏長而

良逸蘊顔子之德昇孔氏之堂天寶季擢明經第寶應中調
補濮州臨濮尉後遷濮陽丞清能肅下威能慴豪芳名振於
齊魯之間執出其右因詣方袍士語及无生喟然嘆曰萬法
歸空一身僣幻瑣瑣名位曷足控搏遂投絨捐璽適於京師
時神策都知兵馬使檢校御史大夫王駕鶴奏曰前樂興佚
人捨官入道樂在法門今因章敬皇后忌辰伏請度爲僧詔
曰可乃燊名於洛陽縣敬愛寺因具戒於嵩岳壇場厥後口
茹一麻身□衣百納洞達五方便探跡修多羅雖思代居梁
仏圖在趙方茲蓂如也興元初延長定覺念定舍邸七八年
間歷栝開法龍象鱗萃冠蓋雲集濟濟焉鏘鏘得其門者或
寡矣歙思振錫步及於鞏縣净土寺縣寵隴西李公閑泉夫
人吳郡張氏禮足歸依虔心諦聽净財瑞服捨而勿悋由是
景附響和者不可勝筭非夫慧日懸空寶炬破開其孰能臻
於此乎且迥出四流既遠離于煩惱遽成三点徒示規於湼
盤以貞元十七年二月五日整三衣掩一室泊然華化容白
如生四衆連珈奔走織路俗齡六十有九僧臘三十有三門
弟囷净土寺主智德律坐主常隱神昭寺三綱寶燈堅志如
印等因心起孝扶力議事言于同學曰不建塔曷以旌盛德
不利石曷以紀高行謀之既咸囟不率從未遷翔縞素叠委
泉谷交積備工度地槌埴爲甎不傷財不害人格於十旬傑
其高時以明年春繩休趺座堶於厥中左邇名區前臨清洛
浮雲朗月松檜颾颾葉從官於茲嘗陪高論援毫含歘遂作
銘云於休上人偉白昂藏遺榮濮上練行嵩陽淤泥自濁荷
花自芳澄思一室聞名四方了悟真詮門人駢闐双林遽變
孤磬空懸屹立素塔退對清川憧憧行路孰不凄然

　　僧弟子等大唐貞元十八歲次壬午正月廿二日建
　馮景　白仙鶴　馬進　馬進　馬窐王昇　車仙
曹榮　薛詳　張蹋　李泊　刘玉　淼善　王匣　王冕
游進誠□張翼擅□　張玄素　張□　榜旻　□□
□季　□□　女弟子圂　盛嚴　真藏　常清净　智藏
莲華藏政□　常一輕　刘正　不若智□□

164　淨土寺僧太初題名
（1）存　刻于開元十九年經幢后
（2）大中八年正月　公元854年
（3）石言4—12　中目4—10

唐大中八年歲次甲戌正月丙戌朔廿六日辛亥再□此幢
主當寺上座僧太初」寺主□□都維郹明詢」匠人常公
瑜

165　石窟寺造像
（1）佚
（2）咸通八年二月　公元867年
（3）石言4—12

166 蘇氏造像記

(1) 存 第49龕右
(2) 咸通八年六月七日 公元867年
(3) 縣志19—27 石言4—14 攈錄9—24

咸通八年六月七日女弟子蘇氏重裝」前件功德三軀願合家平安

167 李仲舒造像記

(1) 存 第51龕右上
(2) 咸通八年六月七日 公元867年
(3) 縣志19—27 攈錄9—24

咸通八年六月七日」男弟子李仲舒」爲身敬裝前件」功德兩軀永無」灾難

168 李氏造像記

(1) 存 第53龕下
(2) 咸通八年六月七日 公元867年
(3) 縣志19—27 石言4—13 攈錄9—24

咸通八年」六月七日」男弟子」李氏敬」裝前件」功德兩」軀願身」無灾難

〔校注〕 造像記第8行"無灾難"《縣志》卷19第27頁誤錄爲"□時"。

169 女弟子李氏造像記

(1) 存 第55龕右
(2) 咸通八年六月七日 公元867年
(3) 縣志19—26 攈錄9—24

咸通八年六月七日女」弟子李氏敬裝上件」功德□□願身無灾

170 石窟寺□□造像

(1) 佚 在大中六年造像後
(2) 咸通八年六月七日 公元867年
(3) 攈錄9—24

171 石窟寺造像

(1) 佚
(2) 乾符三年八月 公元876年
(3) 攈錄9—27 石言4—12

172 唐淨土寺毗沙門天王碑

(1) 存 石窟寺大殿前簷下
(2) 中和二年正月 公元882年
(3) 攈錄9—29 石言4—13

淨土寺 毗沙門 天王君

□□□□□□□毗沙門天□□

朝儀郎 王扎撰

將士郎 参軍

選勝□□本始于後魏鐫石成像德□□□至于今垂□□□□事更言累經亂離而□□其制地乃□□□□洛水之□北□□□□□□□一邑□勝槩也高僧汨□□其性遂其□□頁明之岁一□□□□□□□□□□騰九□離亂膏血塗於草莽哀泣□北□□□□乙宇□有□□□□□□其僧□焚其屋雁塔基摧魚燈影滅者久矣此寺初無纖芥之患□□□□□□之精□哉經文云北方有神曰毗沙門得度于闐身乃國王神功□□□□□執金□左持寶塔散雲於金□轉慧日於雙眸有天有地皆霑□□□□□悟聲色之空覺輕肥之患嘆喧華易滅魔瘴難除苦行一時有逾□□□□□□敬塑其像于三門之左上可以衛佛法而安國土下可以消災□□□衆生不逾三旬其功告畢威容整肅儼然若生降精彩于晴空奪肌骨于□□□功所設非人力可爲休一境之休祥爲萬姓之福祐先聖云□善可錄何□□□□萬物哉今覩其事能不書焉若思高岸爲谷深谷爲陵即紀亦何益若山□崩□竭之前□□聞於後人矣詞曰
王闐真身 心懷慧刃面縛波□ 常□□□ 巍巍玄德
霜□□秋 志吞□□ □□□□ 手持鴈塔 常保
□□ 忢□□□ □□□□ 如日之臨 清信□□
□□□□ □□□□ 金相永存 同瞻□敬
中和二年正月

173 □興妻張造像記

(1) 存 第319龕下
(2) 唐

□興妻張」爲亡男寶」□造像一」龕願隨意」□生安樂自」在及見存男」□子女娘：」□寶妻袁」囝合家一心」供養

174 种善造像記

(1) 存 第327龕右
(2) 唐

㢓弚子种善因爲亡父及……」尼像一龕合家大小□□

175 周倉曹夫人高造像記

(1) 存 第303龕左
(2) 唐

周倉曹夫人高爲亡孩子迊哥日願向西方净□囯爲造阿」弥陁像一區并二菩薩合家供養

176 盧贊府造藥師瑎璿光像記

(1) 存　第304龕左
(2) 唐

盧贊府爲身敬造藥師瑎璿光像并救苦觀音大□」爲孩子患□一切衣物造救苦觀音菩薩兩區合家供養

177 造像殘記

(1) 殘存　第298龕下
(2) 唐

……年」……造救苦」觀音像一龕」……亡者安」□見存者□□供養

178 造像殘記

(1) 殘存　第287龕下
(2) 唐

像王法二」□□□□□」□□

179 造像殘記

(1) 殘存　第294龕右
(2) 唐

德妻田　男乾□　女國英　女娥

五　代

---

180 後唐尊勝陀羅尼經幢

(1) 存　石窟寺大殿前簷下
(2) 後唐長興三年八月　公元932年
(3) 擴錄10—3　石言4—12　中目4—16　中考6—22

佛說尊勝陀羅尼經

佛頂尊勝陀羅尼經者婆羅門僧佛陀波利儀鳳元年從西國來至此土到五臺山次遂五體投地向山頂禮曰如來滅後衆生潛靈唯有□文殊師利於此山中汲引蒼生教諸菩薩波利逢八難不覩聖□□涉流沙故來敬謁伏乞大慈大悲□覆令見尊儀言已悲泣雨淚向山頂礼礼已舉頭忽見一老人從山中出來遂作婆羅門語謂僧曰法師情存慕道追訪聖□□遠尋遺跡□□□衆生多造罪業出家之輩□□犯戒律唯有佛頂尊勝陀羅尼經能滅除惡業□知法師頗將此經來不僧曰貧道直來礼謁不將經來老人曰既□□何益縱見文……必識師可到向西國取……流傳漢土即是遍奉衆聖廣……佛恩也師取經來至□□□當示文殊師利菩薩所在僧聞□□□遂裁……礼舉頭之須……其僧驚愕倍更虔心繫念…勝陀羅尼經至永淳二年廻□西京具以上事聞奏大帝□□□……杜行顗等共

譯此經施僧……其僧悲泣奏曰貧□□□□□遠取經來情望普濟……

　　靈同益□帝遂留翻得之……寺訪得善梵漢語僧□貞奏昔翻譯帝隨其請僧遂對諸兩本並流行於代小小語……人覺寺主僧志靜因停在神都魏國東寺親見日照□□口宣梵音經二七日句□……翻梵本勘校所有脱錯悉□改定其呪初注云㝠……十音讬後有覺……見□……法師開……

　　……不樂□□往詣天……後生瞻部洲七返受畜生身……子受何七返惡道之身公時帝……二七返惡道之身極助苦惱……末香以妙天衣……往詣□多林園於世尊所到□□頂上放種種光遍……萬一切世界已其光還來繞佛……閻羅王男畜生之苦又□一切地獄能廻向善道天帝此□

　　……天男至一天男遍歷之三十二天所生之處憶持不忘天帝□……所敬惡降消滅一切菩薩同心覆護天帝若人能須更□……隨意遊入公時帝釋白□言世尊唯願如來爲衆生說……瑟咤耶勃　陁耶　薄伽戍帝　怛姪陁　唵腔戍駿耶……弎陁耶戍陁耶　伽伽郫胜□提郝瑟尼沙毗社耶戍提　□………筏羅多耶……塞摩耶地瑟恥帝　未……囉縛薩埵南迦迦耶睉□

　　佛告帝釋言……之爲破一切衆生穢……瞻部洲住持□□□唯愛樂憶念□……

　　……衆生種種……切衆生廣爲宣說此陁羅尼……□餓鬼畜生閻羅王□那脩羅……如來一生補處菩薩同會處生……菩提道場……處皆……

　　……無不周……諸衆生□□陁羅尼……金明尼所在之處若……聽聞供養能如是者一切惡道得清净……置窣堵波中天帝……尼優婆塞優婆夷族姓男□女於幢等□近其彰……應墮惡道地獄畜生……脩羅身惡道之苦皆悉……亦……惡垢之所……旅生爲一切緒佛……多諸共具花□塗香……蓋等衣服瓔珞作諸莊嚴於四衢……窣堵波……恭敬施繞行道……持法棟梁又是如來全身……堵波塔公時……摩羅法王於時夜□□佛所到……香莊嚴供……尼故來脩學若有受……是陁羅尼者我常隨逐守護不令持者……

　　地獄……時護世四天……公時佛告四大天王汝图諦昕我當爲汝宣說受持陁羅法亦爲短命諸衆生……當先……新衣衣白月圓……苦一業障降悉皆消滅一切地獄諸苦亦得解脱諸飛鳥畜生舍靈之類聞此陁羅一經……一身更不復受佛言若遇……離一切……除斷即得往生寂靜世界從此身已後更不受胞胎之身所生之處蓮花化生一切□處憶持不忘常識宿命佛言若人先……

遂即命終乘斯……主閻羅王界或墮餓鬼乃至□大阿鼻
地獄或生水中或生禽獸異類之身取其……隨身分骨以
土一把誦此陁羅尼二十一遍散亡……即得生天佛言若
人能……遍應□一切世間廣大供養捨身往生極樂世界
若常誦念得大涅槃□增壽命受□樂捨此身已即得往生
種種微妙諸佛剎土常與……俱會一處一切如來恒常演
説……其記身光照曜一切佛剎佛……若誦此陁羅尼法
於其佛前取净土□壇隨其大……四角作以種種草花
散於壇上燒衆名香古時□……心常念佛 作慕陁羅尼
印……大母指押合掌當其心上誦□陁羅□百一遍於其
壇中如雲王雨華能遍……供養八十……伽沙郍庚多百
千諸佛彼佛世尊咸共讚言善□□有真是佛子即得無障
礙智□得大菩提心莊嚴三昧持此陁羅尼法應如是佛天
帝我□方便一切衆生應墮地獄道今得解脱一切惡道□
得清净復令持者增益壽命天帝汝去將我陁羅尼授與善
住天子滿其七日汝與善住俱□見我尒時天帝於世尊所
受此陁羅尼法奉持還□本天授與善住天子尒時善住天
子受此陁羅尼已滿六日六夜依法受持一切願蒲應受一
切惡道等苦即得解脱□菩提道增壽無量甚大歡歎高
□言希有如來希有妙法希有明驗甚爲難得令我解脱尒
時帝釋至第七日與善住天子將諸天□□持花鬘塗香末
香寶幢幡蓋天依瓔珞微妙莊嚴□諸佛所設大供養以天
妙衣及諸瓔珞供養世尊繞百千帀於佛前立踊躍歡喜□
而聽法尒時世尊舒金色辟摩善住天子頂而爲説□□菩
提記佛言此經名净一切惡道佛頂尊勝陁羅尼汝當受持
帀時大衆聞法歡喜信受奉行

　　佛頂尊勝陁羅尼經
　　維大唐國洛京河南府鞏縣净土寺今於當寺建堅尊
勝經石幢伏願　皇風永扇玉葉連勞外羣臣惟志惟次
願鎮縣宮□惟清惟政先亡父母師僧和尚及兄楊簡姪楊
璠　□處土地護伽藍神前後亡殁師僧伏目所年兵革非
理煞傷覩此勝因早證菩□□道　長興三年壬辰歲八
月巳酉朔廿二日辛未建立鞏縣净土寺主僧思敬小師
惠超

181 後漢淨土寺開元石幢題名

　　大漢乾祐年初歲次涒灘月建辛酉五日辛巳重立幢
□穆遵兄穆儼□常氏男抍拶次男抍拸姪男□昇將斯勝
善揑擢先三法界有情俱霑上宥

宋、金

182 造像記

　　太平興國八年□□

183 羅吉造像記

　　衛州獲嘉縣羅吉嘉祐二年申酉□記立

184 宋付僧寶月大師劄子

　　大金興定辛巳七月初八日持批禹出斯石劄子二本
命執事僧明官照勘出□□
　　劄子付僧宝月大師惠深　□西京 十方 净土寺 山
主」僧寶月大師惠深爲年」高今後每遇赴京師」同天節
齋會特許乘座」兜轎往來付惠深准此」元豐七年二月
日寺主僧海量準奏奉」聖旨差官刻石四月八日□□刊
　　石刻像同出繪执照重立施行付本寺收执照……

185 宋淨土寺住持寶月碑銘

　　有 宋 法 師 深 公 碑 銘
宋西京鞏縣大力山十方净土寺住持寶月大師碑銘
並序
丹川退叟贊皇李洵遠游篹并書
雲寮居士高陽許頵德制篆額
　　噫佛滅浸久法住浸微有能輅舉妙德勤恁大事承
雙林之善囑致□□□萬乘之外護界此土含識聆音覩相
發□有心人不退地自幼至老利樂羣□□□順廿人仰遺
化吾見於寶月大師焉法師諱惠深廿姓楊氏趙州柏鄉人
凤植德本生不童戲七歲禮邢州龍華院僧宗順出家□□
□真宗天禧□□□詔度係籍童行例蒙剃染明年具戒甫九
齡尒志尚超逸誓斷諸漏聞譚法師講百法論往依止焉專
精問辨未幾悟入頓絕倫類兼通四分律上生盂蘭□□諸

經既敏且勤殆忘寢食而處衆謙抑外貌如愚同學歆慕多
就咨決又從隱法師探惟識之奧隱許以入室遂代居法席
時年十七尤精菩薩戒經異時□□孟蘭悁然嘆曰孝至德
也一切如來此其本行菩提薩埵依以爲戒吾其徒言耶於
是罄其衣資於堯山縣尊善寺羅漢院爲父祖而上設無导
齋請律□□□施四衆大乘淨戒七晝夜建陀羅尼石幢會
七廿之喪於下時龍興願和尚戒德稱首師志深般若業在
毗尼乃具燈燭果饌妙供三千奉十方佛餉道俗□□禮願
求戒自是律範精潔諸方宗仰行住坐卧無非佛事造慈氏
聖像施財者三百萬課慈氏尊名□心者二億衆緣熏滋勝
驗殊特嘉祐初入洛禮□□□爲僧雲寶等奧舉之官屬邑
衆請住淨土茲寺之興肇自元魏規模甚壯舊容千僧經亂
墮廢基址石洞存焉厥後有高行僧三人分修以居至皇祐
四年□□勅賜十方之額初有廣和尚者住持未久遷謝師
繼之慨然有志與茸檀信之士聞風響臻始營前後僧堂并
厨共二十八間續建法堂及步廊揔二百間□□法藏中央
真金裝旃檀瑞像一軀妙相月滿慈視三界𦘕袟周遍髹黍
相鮮印經律論下迨傳記以充之修羅漢洞四十二間五百
應真分處巖岫剞劂綵□□極精巧費金無慮二千八百五
十餘萬名德之盛上動」　　宸極」　　慈聖光獻皇后
體佛深心佑我上治素加崇禮入內懺悔延賜紫方袍又御
封佛□寶匣用嚴資戒道場乃賜寶月師號焉熙寧二年同
天節師飰僧二萬人人施袈裟一條以祝」　　聖壽每山
門法會香燭茶果錢帛等恩賜相屬五年大□供施往泗上
禮普照塔」　　慈聖降香及金鉢以助緣還自唐鄧所過
欣仰迎迓延請緇素之朝夕盈前金繒之施奔走恐後六年
自京師鑄鐘重六千斤」　　慈聖臨幸興國寺廣嚴殿界
師迎歸以薦福」　　昭厚諸陵八年開寶寺畋崇因閣復
召師赴」　　闕下修佛事以慶其成」　　恩旨特留懇辭還
山乃就慶壽宮塑師真儀送閣上以足羅漢之數」　　慈
聖皇后卒哭

神宗皇帝遣二中使與內典賓樊夫人齋」　　御前
劄子許乘兜轎及祠部度牒五道錢□百貫綵六十疋召師
赴內道場先是」　　慈聖嘗令本寺歲度僧一名上慁
乃止

上聞之即令依舊遂爲永式眷禮之重夐無前比元豐
七年冬示疾十二月二十日晨鐘時囑累訖右脅告寂壽七
十有五僧臘六十六師氣貌溫厚舉止祥順遇人無高下和
容卑詞發於至誠雖甚剛梗見輒調伏寺初營饍僧寮屢易
有庬行狂悖者忿其遷動大訴以來師方宴坐室中遽摭其
胥負之以出且曰吾與若俱沉於洛爾師神色不動方止衆
譟及河衆慎發奪將訴諸官師怡然辯解曰吾與之戲爾聞
者無不嗟服山門無田業日瞻幾五百口化導殆半天下有

以偽借名其間者衆謂此不隱辯恐敗信心師遽退其端退
而告之曰利養均所趨也利我以害彼如佛意何且辨偽則
真亦疑矣頃之歲荒民流諸方徒衆多亦散居師延納有加
於常知事以爲言師笑曰與子共此者寧力致耶不思議事
未易以一期歉足較也解裝者倍多又曰飴飢民於遽然饋
送之家不遠千里蓋未嘗闕供也施雖奉已一付諸庫口不
與會計目不領券要是以愈久益信至今人以爲法焉師奉
戒精苦泛無纖缺日諷菩薩戒經七返俱胝真言五百過月
與其徒誦戒懺悔講經論一百二十次復延名師并開法席
歲不下五六學者歸之户屨嘗滿瞻護病疾必加勤渠營捄
生命不可筭數住持者三十年弟子淨惠等五十三人稟大
戒宗裕等四十八人多爲名僧受經論義詮等三十二人各
專法會爲四輩圓授菩薩泊五八戒三十余萬人皆有籍記
其法緣如此明年二月十五日塔於寺西北隅啓棺異香彌
覆顏皃如生衣衾間得舍利光白無數有祈請者或掇諸土
中或落自空際」　　宣仁聖烈皇后賜香合橡燭賻絹五
十匹將窆道俗齋送空邑落而遍原野四遠奔赴不啻萬人
風景凄變烏鳥號集悲戀贊歎聲動山谷其感應又如此紹
聖三年春其徒淨良持稟戒門人有誠等所錄事狀來謁文
顧余投迹甚邇聆風且舊即爲纂而□之猶恨闕略知師者
謂師之頭陁行可及也其方便智不可及也豈菩薩應廿示
現說法者歟抑證無生忍大善知識也已銘曰

忍無上業萬德之筌師踐履之同符往邁行寓諸戒智
通乃禪於像法季有大因緣彼正律藏繄宣傳所至歸德其
聚成壘慈柔漸平移懜□□□□□□□二后淑聖恩禮後
先」　　神皇欣明眷接加虔誠動幽顯供浹人天視若不
足乃終沛然山門增輝聿廿其年報盡理顯示人有遷散設
利□□□□□□□□半百法施大千良則是圖不惟其賢
寺之乾爲松栢森焉來者瞻慕潤生敬田

紹聖　　三年十二月二十二日小師淨良
寺主賜紫法輪　　主持傳戒廣惠　　永定陵都監供
備庫使李宗立立石

186 宋賜二銅鐘贊

(1) 存　石窟寺大殿前簷下
(2) 建中靖國元年　公元1101年
(3) 攈錄12—65、石言4—15、中考6—22

慈聖光獻皇后以熙寧六年十一月十一日賜銅鐘大
小二顆付西京鞏縣十方淨土寺僧惠深寶愚等押往本寺
永充常住聲挂建中靖國元年九月日奉議郎知河南府鞏
縣事賜緋魚袋臣宋直方謹拜手稽首敬書是鐘贊云

稽首圓通圓覺主圓合一切救有情圓修有性妙湛然
二非假以音聲而說法衆生聞音得得解非色非空二非塵
方便無邊行法門成就如來大圓智稽首巍巍觀世音證人

如是秘密門於一塵中現多身于多剎塵現一相于不可説
微塵劫而救不可説衆生發起耳根真實門不與世間相流
傳世間聲論已宣明聲今無滅有非生生滅二諦悉圓離六
根由是皆解脱奇哉慶喜最多聞不知聞性常周普因鐘而
聞佛所呵不應更立鐘之事當知金鐘不可舍能于末劫救
沉淪茫茫大道迷昏衢得見鐘聲爲慧日悲酸惡趣忍穽中
得凭鐘聲超彼岸鐘聲有是大福力能越苦海如智航我願
一切諸衆生聞是鐘聲同證覺

　　　主持傳戒臣僧　　　惠」寺主臣僧
法輪　臣王□書　　　臣張昱刊

187　金鞏今牛承直詩刻
　　（1）　存　石窟寺大殿前簷下
　　（2）　大定十九年十二月二十日　公元 1179 年
　　（3）　石言 4—14

　　　鞏令牛承直繼濟源趙□題石窟寺韻
老去尋山意漸便興來登覽獨怡然僧歸禪榻香凝帳人喚
漁舟晚濟川清洛冷光浮巨棟靈崧積翠拱中天公余底事
頻來此民遠官刑不用鞭

　　　大定十九年季冬廿二日　　　知庫僧覺　　照
維郁僧　　景懷」副寺僧凈湛　　監寺僧　　善誠」
西堂副住持權山沙門　　清珠　　立」刊石張吉

188　石窟殘字
　　（1）　佚
　　（2）　嘉定四年八月　公元 1211 年
　　（3）　攈録 16—46

189　淨土寺楊雲卿題名
　　（1）　佚
　　（2）　嘉定四年　公元 1211 年
　　（3）　攈録 16—46

190　淨土寺方丈二字
　　（1）　佚趙秉文正書
　　（2）　嘉定四年　公元 1211 年
　　（3）　攈録 16—46

191　石窟寺並建釋迦牙像塔記
　　（1）　佚
　　（2）　嘉定五年七月　公元 1212 年
　　（3）　攈録 16—46

192　淨土寺牒
　　（1）　佚
　　（2）　嘉定五年七月　公元 1212 年
　　（3）　攈録 16—46　石言 4—14

193　金淨土寺方丈遺軌
　　（1）　存　石窟寺大殿前簷下
　　（2）　興定五年七月　公元 1221 年
　　（3）　攈録 16—46

十方淨土禪寺方丈遺軌
永福子院　　量才立職　　表敬」上剎　　鐘鼓玉帛
　秋粟雙斛」夏麥式碩　　安僧請寺　　三旬」題
曆　應辨之外　　相時興葺」尒言道斷　　了無順
逆　囑累」當人　　願導其式　　餘者下院例同
興定五年七月　九　日
住持傳法長老嗣祖沙門祖昭」奉國將軍鞏縣主簿權縣
事紀石烈古失」庫司祖林德裕立石」方丈侍者至悅刊

明、清

194　重修大力山石窟十方淨土禪寺記
　　（1）　存　石窟寺大殿前檐下　拓片 54
　　（2）　弘治七年　公元 1494 年

　　重修大力山石窟十方凈土禪寺記
　　在昔金人夢兆炎闕釋教始彰白馬館於鴻臚寺名因
著精舍徧天下其道大行矣自炎漢而來越數□□年或興
或廢盛衰相尋釋之緣源蓋有自焉有禪寺有法寺有律寺
寺之異奇名習沉之沒其流也拒鞏西北大河正南邙麓之
將有寺其皇囬水伊洛清而流長背山大力秀而朝陽自後
魏宣帝景明之間鑿石爲窟刻佛千萬像世無能燭其數者
焉興建之肇實爲律寺延迄興定三年府命長老深公祝壽
主之公據無爲經以爲沙門品科禪教上輩乃破律更爲禪
厥寺厥名因經言西方有凈土以七寶莊嚴常清净自然無
一切雜穢上始襲其名曰凈土禪寺矣歷皇宋大元率皆崇
盛有迹可觀逮我
天朝尤興隆適成化甲辰歲荒弗登洊臻山泉光竭草
木焦枯人相食而僧流移寺之存者唯石窟尒縣之南普安
寺有僧曰美鏡堂乃神堤世家名裔也覩其寺廢意以茲寺
乃鞏之名勝地八景之優萃古之鉅剎道場中之雄徽者也
慨然飛錫掌其院數僧皆大歡喜隨之遂蓄料鳩工四方達
士聞風慕善施財帛舍義錢谷創造大雄殿重粧古石佛伽
藍祖師堂齋藏厨門類無不瑩煌輪奐如式是工起自成化
丙午春迄今弘治甲寅冬迺落成謁予記予竊以爲浮屠者
流能祖述禪教清規祝萬歲報四恩□□愚俗誘掖迷濁亦
敦德勸善之一端也况德士美爲人圓而能方方而有常□
而能動動而弗狂以實心行實事且吾儒每愛其靜而嘗有
舍其寺養晦者公又能敬而親□其視泥陳迹捕風搏影惑

世誣民者猶天淵矣是爲之記

㫜

大明弘治七年歲在甲寅小春乙亥吉旦鞏庠後學洛川常
鎰

同庠邙陽鄭繼宗　題額」同邑逸人郭　果　書丹

（下有：四方達士、本寺當代主持、僧衆、化主、補塑大佛匠人，普安寺主持、僧衆，善提寺主持、清涼寺主持、粧塑匠、石匠等題名從略）

〔校注〕碑左上角補刻："大明萬歷九年歲次辛巳吉日重修金粧合洞佛像完備。"

左下角補刻："辛巳年夏終重修發心僧圓珠同施財主（等題名）……同粧。"

195　重修石窟寺碑記

（1）　存　石窟寺大殿前簷下

（2）　雍正十三年　公元1735年

重修石窟寺碑記

嘗論佛居西竺虛空無際何有定相人亦何嘗見佛然處處是佛即時時見佛者即心是佛故隨地皆佛也上智之人佛在心中不必指象床猊座而自能修持懺悔博地凡夫托根中下必莊嚴以示之梵唄以導之鐘魚鼓石以提醒之庶迷頭狂足之徒羣然廻向化奸毒爲善良轉陰霾爲雲日往往政令所不及覺者莫不攝受於我佛慈悲則修建寺院而借眼前之佛以啟其心中之佛誠有捷於袞章鈇鉞之用者也鞏邑西北三里有石窟寺邙山峙後洛水縈前溪霧岩雲晨昏變現波光樹色逓緑呈青依然幽棲勝地當其盛也簷楹棲日炯火蒸霞坐高百尺青螭臺甃幾層碧玉花底現輪王掌果樹頭接菩薩身雲高真古德後先駐錫者指不勝屈也及歷年既久寶樹凋殘僧伽星散鉢池經閣皆蒿萊荆棘也鼓院鐘樓皆瓦礫榛蕪也盛衰興廢滄桑刼灰禪宮消歇不免如來之嘆非有大德力大福慧安能使琳宮紺宇青豆赤華重現天人寶相也哉明慶公然擔荷轉不退輪山主蘇氏白氏王氏感先人舊蹟矢同行願於是鳩工庀材經營盡瘁凡爲大殿爲鐘鼓樓爲配殿爲山門皆極靜嚴之勝計屋若干楹所陳幡幢法寶供養食用之器罔不具備數年之間成此勝因復先人之舊舘還長者之祇園非理秀徒侄因緣廣大及諸檀護海滙雲集曷克致此昔漢南小國君臣主伴同秉願輪以致天人友善我　國家運麗日中皇圖昭朗凡今日之生民皆　祖宗之佛子人茲寺者瞻禮金容各感發其心中之佛同囿於吉祥福界而餘官於斯土亦得與諸善信共享昇平之樂也因亟爲之記按住持明慶山主蘇厚禄白心恪王常賀等例得並書以垂不朽云

㫜

雍正十三年履端月吉旦

賜進士出身文林郎知鞏縣事記録二次季璟撰並書

年 代 不 明

196　□□道□造像記

（1）　存　第63龕下

□□□□五月十六日」□□□□五月十六日」□□道□敬造願」□□㈠區爲己身」□□□□願共心」……

197　比丘惠造像記

（1）　存　第105龕下

（2）　□元元年十月八日

□元元年十月八日比」丘惠……　　　平
爲所生父母……
……

〔校注〕疑係唐代乾元年號。

198　造像殘記

（1）　存　第2窟東壁下部右龕下

□□□□□二月□卅」□□□□」□二月卅　□□□上爲」□□父母」……」□□造弥□」……

199　□師□造像記

（1）　存　第1龕下

（2）　縣志19—24　石言4—13

……」師感爲亡」□孫造□」迦牟尼□」龕願亡□」託生西方」見存眷□」登□□一」心供養

200　張公義造像記

（1）　存　第18龕下

（2）　縣志19—24

佛弟子張」公義爲亡」妻敬造」佛一堰合」家供養

201　周明府夫人造像記

（1）　存　第42龕右

（2）　縣志19—24

周明府夫人造像一龕合家供養

202　呂善□造像記

（1）　存　第99龕下

呂善遇」季□□□」韓君德□」價僧□□」田君幹□

」李迪」吳孝徹□」趙圉弁□」□□□」魯□童□朔
廿九日」魯君□□古命佛」魯君□□弟子□□」魯公
□□張士鈞□」刘土□□雍子□□」□□□□□□合田九
囚」□□□□等楸造阿　□□□□彌陁像□」□□□
□　菩薩及阿」□道□難迦葉□并」雍子□二弟子上
爲」張□□□皇帝□□」王張滿□父母及法」馬師度
界蒼生成」魏君幹無上□□□」界□□」馬師□□」
魯孝□□」楊□□」魯

203　□弟子田進造像記
　　　(1)　存　第112龕右

……弟子田進図亡女□囷」……觀世音一區合家大小
一」……

204　佛弟子陳禮□造像記
　　　(1)　存　第125龕下

佛弟子陳禮」□男祁域圖」□師瑠璃光」□一區願男
記」□凹樂妻張」□因善緣□」□後□

205　佛弟子郭師感造像記
　　　(1)　存　第126龕下

佛弟子郭師」感爲患重妻」張及妻妹匧」願病得除围
」許造觀世音」像一區病图」除降遂依願」囚報上图

206　佛弟子王□造像記
　　　(1)　存　第137龕右下

佛弟子王□□」世榮□佛□大□」□□□□□位」
……

207　造像殘記
　　　(1)　存　第166龕下
　　　(2)　縣志19—34　石言4—13　攟録9—45

……」造阿彌陁」像一龕合家」供養

208　种□羅造像記
　　　(1)　存　第187龕下
　　　(2)　縣志19—40

開□□种□羅願」學心開問一知十」清信士仏弟子种
□羅」供養

209　王□□造像記
　　　(1)　存　第193龕下
　　　(2)　縣志19—37

淮陽王□」□爲第四」□向□東」行平安到」末佛弟
子」家□敬」造觀世音」□供養

210　張養仁造像記
　　　(1)　存　第208龕右
　　　(2)　縣志19—36

張養仁爲亡子造一佛二菩薩合图供養

211　幹妻張造像記
　　　(1)　存　第212龕右下
　　　(2)　縣志19—37　石言4—15

幹妻張及男璧玄玄藏供養

212　李光嗣息陁利造像記
　　　(1)　存　第213龕左
　　　(2)　縣志19—36

李光嗣息陁利敬」造觀音一區供養

213　何文義造像記
　　　(1)　存　第214龕
　　　(2)　縣志19—35　攟録9—44

何文義爲亡妻」王敬造釋伽□」尼佛并二菩薩」合家
供養

214　青州參軍齊承亨造像記
　　　(1)　存　第1窟中心柱南面龕　拓本56
　　　(2)　縣志19—27　攟録9—45

前青州參軍齊承亨□」母□于此寄住願合家」平安敬
造釋迦像時

215　寺主惠宣等造像記
　　　(1)　存　第1窟中心柱南面東龕
　　　(2)　縣志19—27　石言4—13　攟録9—44

寺主」惠宣」一時供」養佛」都維」郁惠」明

216　□□□造像記
　　　(1)　存　第2窟中心柱南下層龕下

諸行無□」是生滅法」生滅滅已」寂滅爲樂」如來證
涅盤」永繼於生死」若能至心聽」常得無量樂」□歸
依佛」□□□生」」□解□□□」敬無上道」□歸依
法」□願衆生」□入經藏」□惠如海」□歸依僧」當
願衆生」□領大衆」□切□寻」……

217 王餘慶造像記

(1) 存　第2窟西壁下部小龕左
(2) 縣志 19—30　石言 4—13　攈録 9—45

佛弟子王餘慶及姉妹爲父造像一」□願亡父託生西方
見存者俱登福」□□□□一心供養

218 張□造像記

(1) 存　第283龕左
(2) □□二年二月
(3) 縣志 19—44　石言 4—14

□□二年二月□□□弟子張□爲邊地衆生造像一區□
□□□……

〔校註〕據殘字疑爲河清二年。

219 造像殘記

(1) 存　第249龕左上
(2) □□□□□三十
(3) 縣志 19—44　石言 4—14

月卅日□觀世願從心……

220 造像殘記

(1) 存　第254龕上
(2) □□□□□□十九日
(3) 縣志 19—44

十九日清□□佛

221 楊敬□造像記

(1) 佚
(2) 縣志 19—37

楊敬□爲亡婆及三□造觀音□一□養……

222 造像殘記

(1) 佚
(2) 縣志 19—38

庙文□所求如願

223 蘇仁偕造像記

(1) 存　第5窟北壁
(2) 縣志 19—38

蘇仁楷爲亡妻魏捨衣資」造地藏菩薩一區供養

224 弟善宜造像記

(1) 佚
(2) 縣志 19—45　石言 4—14

弟善宜」像主張法也」亡父養仁」祖張純剛」祖婆周
」母史」姉大娘」姉二娘」姉三娘」姉四娘

225 像主張純□造像記

(1) 佚
(2) 草目南北朝 232

226 造觀世音菩薩大勢至菩薩像殘刻

(1) 佚
(2) 草目南北朝 233

227 爲父母造像殘石

(1) 佚
(2) 草目南北朝 233

228 十九日等字殘刻

(1) 佚
(2) 草目南北朝 233

229 □月三十日等字殘刻

(1) 佚
(2) 草目南北朝 233

230 佛偈殘刻

(1) 佚
(2) 草目南北朝 240

231 經像殘石

(1) 佚
(2) 草目南北朝 167　攈録 9—42

232 因禪師造像記

(1) 存　石窟大殿内
(2) 石言 4—13

大禪師」母法界含□……」方施主敬造釋」迦牟尼像
一龕」並□同出苦門」離郭解脱成」無上道

233 文林郎守尉盧招造像記

(1) 存　石窟寺大殿
(2) 石言 4—13

文林郎守□盧招爲□」圖塑其像示萬□□求多福」行
幽厄一□萬感□通俗皆」濟之地欲設□像□示往來」
成像以見其久崇構于□以」大雲寺二年□大雲寺□神

□」 名跡而爲農爲商其地也閟」 之漂流何定有邑民馬
囝□」 無以妥也乃厚以金贖□□」 □經堂俄成殿宇□
窓鴦□」 □□繁華図謝風燭難留散」 □□家之産原其
意非獨利」 □□繼之者始於馬氏後□」 ……疾意舉□
之……

234 佛說盂蘭盆經
(1) 存　第141龕下

　　　　　　　　……………………………時当
　　　　　　　　……………………………具食百
　　　　　　　　…………………………□具尽施
　　　　　　　　…………………………众僧当口之
　　　　　　　　…………………………得四道未成
　　　　　　　　…………………………分開緣覺或士
　　　　　　　　…………………………図中皆同一心
　　　　　　　　…………………………之道□□汪座
　　　　　　　　…………………………現世父母七世父
　　　　　　　　…………………………應時解脱衣图
　　　　　　　　…………………福樂百年若已世父母生
　　　　　　　　………………天地□時佛教十方衆僧皆
　　　　　　　　………………七世父母行禪之□□□□受
□□□□安在佛塔前衆僧□図寛便
□□□運比丘及此大衆大菩薩皆歡
告而□□悲啼泣泣聲図然□□是時目連
共母□□是日得脱一切餓鬼之苦目連復
白佛図弟子所生父母得豪三寶功德之力
衆僧図神之力故若未來世一切佛弟子行
孝順者是孝子亦應奉盂蘭盆救図現在父
母乃至图世父母爲可尔不
佛言□□快問我正欲説汝今復問善男子
若比丘尼國王太子王子大臣宰□三公百
□□□庶人行孝慈者皆應爲所生現在父
□□□七世父母於七月十五日佛欢喜回
□□□日以百味飯食盂蘭盆中施十方自
恣僧□順便使現在父母壽命百年無病無
一切図惚之患乃至七世父母離餓鬼苦生
人天中福樂無極是佛弟子修孝順者應念
七月十五日常以孝慈憶所生父母乃至图
世父母所作盂蘭盆施佛及僧以報父母□
□慈愛之恩若一切佛子奉持是時目連□
輩弟子歡喜奉行
佛說盂蘭盆經一卷

235 唐石柱題記
(1) 存　石窟寺大殿

同州北廣平郡勘主王法……」 王郎興」　王子元」
王□胡」　王……」　樂松図馬…」 靳景」王元景」
庄遠」　□□」王元羅」　范阿延」　范子□」王神
仙」　劉共遵」 義州王城郡」　堪主」郭晚興」　郭
通橋伽」 趙鳳衛」　希慶」　靳羅侯」 李勝袟」　張
始進吉要仁

〔校注〕此題記中的"勘主"皆係"龕主"後誤。

236 比丘僧題名
(1) 存　第5窟西壁

比丘僧惠嵩　比丘僧惠興

237 護法神王名
(1) 存　千佛龕

護法神王」 金毗羅神王

238 造像殘記
(1) 存　第191龕左

武州河東縣供……

239 造像殘記
(1) 存　第192龕右

……爲父母□□亡□□敬造盧舍那像一鋪合家供养

240 造像殘記
(1) 存　第20龕左

………」造觀世音一區供養

241 □論三十頌
(1) 存　石窟寺大殿前

……

不可知執受」　處了常與觸」　作意受想思」　相應
唯捨受」　是无覆无記」　觸等不□□」　□□時如
其□」　阿羅漢位捨」　次第二能變」　是□□末郍
」　依彼轉緣彼」　図量爲性□」　四頌□常俱」
謂我□□見」 并我恨我愛」　及餘觸□俱
有覆無祀攝」　隨所生所繫」　阿難漢滅定」　出世
道无有」　次第三能變」　善□有六□」　了境爲性
相」　善不善俱非」　此□所遍行」　□境善煩惱」
隨煩惱不定」　皆三受相应

......

放逸及失念」　依上根本識」　意識常現起」
是諸識轉變」　由一切種識」　由諸業習氣　　」
由依彼□計

242　東周牛化麟等題記

（1）存　325　龕右

東周牛化麟成用鄉遊此」十月卅日

拓片1 清信士佛弟子□造像记

拓片3 郑毂妻成郡题记

拓片5 佛弟子□造像记

拓片4 杨大升造像记

拓片2 乾智题记

拓片6 清信士佛
弟子□造像记

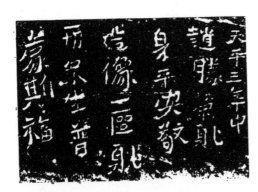

拓片7 赵胜
荣造像记

拓片8 惠庆造像记

拓片9 崔宾先造像记

拓片10 法定造像记

拓片11 比丘僧道成造像记

拓片13 佛弟子左宣等三人造像记

拓片12 比丘道成造像记

拓片14 比丘法训造像记

拓片15 佛弟子
惠凤造像记

拓片17 比丘惠育造像记

拓片16 沙弥道荣造像记

拓片18 佛弟子□国子造像记

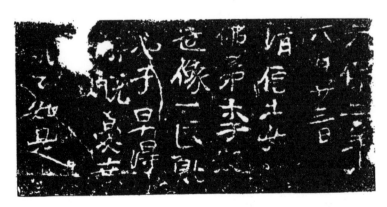

拓片19 佛弟子李奴造像记

拓片20 比丘法□造像记

拓片21　梁弼造像记（上）　　　罗吉造像记（左下）　　　北齐造像记（右下）

拓片24 佛弟子□造像记

拓片22 比丘道邕造像记

拓片25 比丘道敬造像记

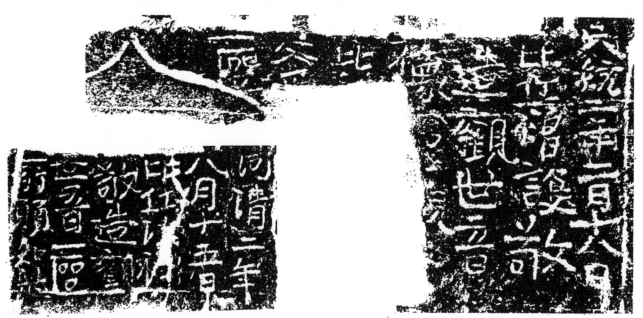

拓片23 比丘法圌造像记

拓片26 比丘僧谡造像记

拓片27 比丘惠庆造像记

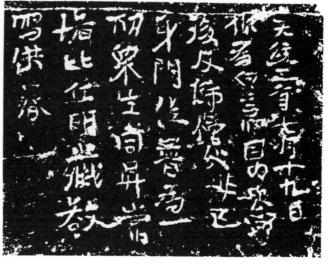

拓片28 比丘明藏造像记

拓片30 佛弟子魏文罴造像记

拓片29 佛弟子魏明显造像记

拓片31 唐韩万迪造优填王像颂

拓片33 种海云妻王等造像

拓片34 佛弟子史行威造像记

拓片35 曾廓仁母游造像记

拓片32 杨元轨妻王造像记

拓片36 朱罗汉造像记

拓片37 仇仁懋造像记

拓片38 魏处旻造像记

拓片39 后魏孝文帝故希玄寺之碑

拓片41 比丘僧法袢造像记

拓片42 张养妻史造像记

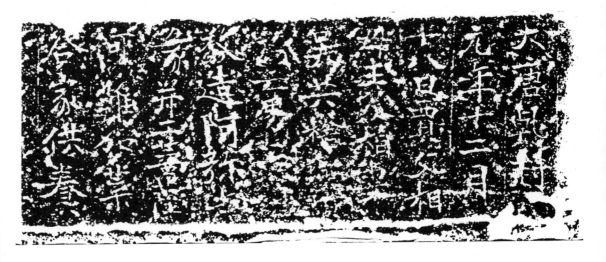

拓片43 贾父相母王造像记

拓片40 左右像主王才等题记

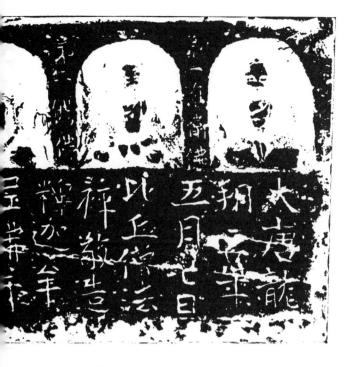

拓片45　比丘僧法祎造像记

拓片46　韩万迪造像记

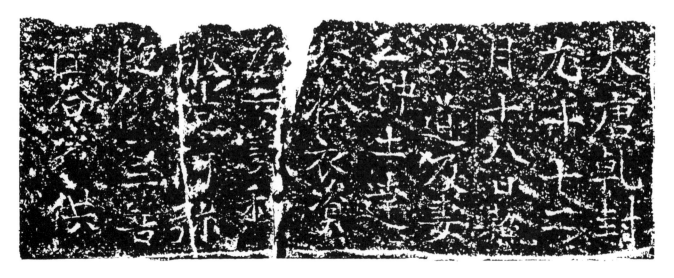

拓片44　苏洪道等造像记

拓片47
卢赞府造像记

拓片48
□（苗）承祀
造像记

拓片49 比丘僧法禅造像记

拓片52
寺主太等造像记

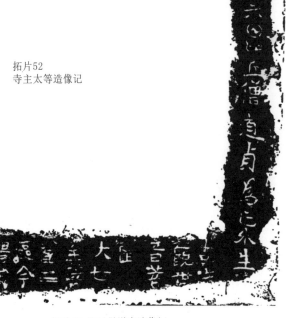

拓片50 比丘僧道贞造像记　　　　拓片51 程基造像记

拓片53　宋净土寺住持宝月大师碑铭

拓片55 宋造像记

　　　　拓片54 重修石窟净土禅寺记　　　　　　　　　　拓片56 齐承亨造像记

石刻录索引

197	比丘惠造像记	年代不明	第105龛下
198	造像残记	年代不明	第2窟东壁下部右龛下
199	□师□造像记	年代不明	第1龛下
200	张公义造像记	年代不明	第18龛下
201	周明府夫人造像记	年代不明	第42龛右
202	吕善□造像记	年代不明	第99龛下
203	□弟子田进造像记	年代不明	第112龛右
204	佛弟子陈礼□造像记	年代不明	第125龛下
205	佛弟子郭师感造像记	年代不明	第126龛下
206	佛弟子王□造像记	年代不明	第137龛右下
207	造像残记	年代不明	第166龛下
208	种□罗造像记	年代不明	第187龛下
209	王□□造像记	年代不明	第193龛下
210	张养仁造像记	年代不明	第208龛右
211	干妻张造像记	年代不明	第212龛下
212	李光嗣息陁利造像记	年代不明	第213龛左
213	何文义造像记	年代不明	第214龛
214	青州参军齐承亨造像记	年代不明	第1窟中心柱南面西龛
215	寺主惠宣等造像记	年代不明	第1窟中心柱南面东龛
216	□□□造像记	年代不明	第2窟中心柱南面下层龛下
217	王馀庆造像记	年代不明	第2窟西壁下层木龛左
218	张□造像记	年代不明	第283龛左
219	造像残记	年代不明	第249龛左上
220	造像残记	年代不明	第254龛上
223	苏仁楷造像记	年代不明	第5窟北壁
232	因禅师造像记	年代不明	石窟寺大殿内
233	文林郎□守尉卢招造像记	年代不明	石窟寺大殿内
234	佛说盂蓝盆经	年代不明	第141龛下
235	石柱题记	年代不明	石窟寺大殿
236	比丘僧题名	年代不明	第5窟西壁
237	护法神王名	年代不明	千佛龛
238	造像残记	年代不明	第191龛左
239	造像残记	年代不明	第192龛右
240	造像残记	年代不明	第20龛左
241	□论三十颂	年代不明	石窟寺大殿前
242	东周牛化麟等题记	年代不明	第325龛右

56

II 已佚部份

1	苏氏造释迦像	北魏普泰元年
3	比丘法云造像记	北魏普泰元年
5	僧达造像	东魏天平二年
10	巩县尉妻造像记	东魏天平三年
15	比丘僧静造像	西魏大统四年
17	石窟造像	北齐天保二年
23	魏季祥造像	北齐天保二年
30	石窟寺造像	北齐天保二年
31	比丘道琛造像	北齐天保三年
38	王明治造像	北齐天保九年
39	周□□造像	北齐天保□年
40	比丘静化造像	北齐天保□年

流散国外的巩县石窟寺
北魏造像简目

    1 菩萨半身像   高41.5、宽23.6厘米   现藏日本京都国立博物馆

    2 笛乐天   高29、宽61.2厘米   原属第1窟

    3 礼佛图（残部）   高43.9、宽20厘米   现藏日本京都博物馆

    4 礼佛图（残部）   高43、宽23厘米

    5 飞天   高40、宽36.7厘米

    6 礼佛图（残部）   高62.1、宽17.7厘米   原属第1窟 现藏日本京都博物馆

    7 笛乐天头部   高14.5、宽9.5厘米   现藏日本大阪市立美术馆

    8 供养天人   高38厘米

    9 菩萨头像   高25.5、宽14.4厘米   现藏大厘美术馆

    10 珠神   高27.5、宽30.5厘米   原属第4窟，   现藏日本正木美术馆

    11 菩萨   高91.5厘米左右   原属第5窟西壁大龛北侧 现藏美国哈佛大学福格艺术博物馆

    〔附注〕1—10见于日本大阪市立美术馆编：《六朝の美术》图版42—44；209—215。11见于《抗议美帝掠夺我国文物》图29，文物出版社1960年版。